西尾市岩瀬文庫蔵
『小鶴女史詩稿』全訳

幕末の女医、松岡小鶴

柳田国男の祖母の生涯とその作品　1806-73

門　玲子　編著

藤原書店

松岡小鶴画像

（松岡祐之氏蔵）

はしがき――『小鶴女史詩稿』について

私が『小鶴女史詩稿』を初めて見たのは、愛知県西尾市の岩瀬文庫で毎年開催される「こんな本があった！」報告展の平成十七（二〇〇五）年の展示の時である。岩瀬文庫は古くから厖大な数の古典籍を架蔵している。平成十二年から全蔵書の調査が進められ、その結果は毎年発表展示される。『小鶴女史詩稿』は「柳田国男の祖母の詩文集」として紹介されていた。

江戸時代の女性の文章を主として読み込んできた私は、すぐそれに目を留めた。柳田国男の祖母とあるのにも惹かれたが、女性の文章で全編漢文というのに強い印象をうけた。なぜなら女性の文章は伝統的に和文が多いからだ。後日、展示期間の終わるのを待って、すぐ複写を取り寄せることが出来たが、当時は執筆中の作品があり、夫の介護も重なって、しっかりと読み始めたのは五年前（二〇一一年）からである。

私は江戸後期の女流詩人江馬細香の詩集に出会って以来、長年、江戸初期からの女性の文学作品を和文、漢文を問わず、広く読み続けてきた。女流作家たちのたいていは同時代の男性知識人たちから理解され、公正な評価を得ている。小鶴もまた、周囲の人々から高く評価され、さらに後に述べるが、見知らぬ武士からも理解と共感を得たのだ。十七、八世紀の欧米の女性作家たちは、必ずしもそうではなかったようだ。

『小鶴女史詩稿』を読みはじめた頃、コロンビア大学のバーバラ・ルーシュ名誉教授にお会いする機会があった。訊ねられるままに、柳田国男のおばあさんの詩文集を読んでいると答えると、たいそう驚かれ、その人は、柳田国男にとって、とても大切な存在だ、と教えて下さった。松岡小鶴その人について、学者からはじめて聞かされた言葉だった。

私は小鶴を、長い江戸女流文学の歴史の最後衛に位置する人、と捉えていたが、日本民俗学を確立した偉大な柳田国男とその優れた兄弟たちの祖母としての面もまた見逃せない、と感じた。

『小鶴女史詩稿』の前半は「詩稿・文稿」、後半は「南望篇」で構成されているが、後半の「南望篇」は、一人息子文《ぶん》(操《みさお》)への強烈な母性愛と、家門を興そうとする使命感から、息子への叱咤激励の言葉に満ちている。前半の「詩稿・文稿」は少し趣きを異にする。詩稿の十九首の作には、題詠もあるが、折にふれての感懐、歴史上の悲運の人物への強い共感を詠んだもの、また微少な生き物に託して老荘的人生観をユーモラスに詠んだ作など、他の女流詩人にあまり見られない主題が扱われている。文稿の八通の書簡では、最も親しかった若き大庄屋三木通深、その他の人々にあてて、自身の人生観や、人の生き方への批評、儒教仏教や人の生死に関する形而上的な思考の過程を披瀝している。これらの詩文を読むと、小鶴の厖大な読書量が推察されるが、どの書簡の中でも、自分が正式に学んでいないため、言葉が拙く、文章が体を成さず、自分の考えを充分に表現し得ないことへの強い嘆きが語られている。小鶴の生涯にわたるうつうつとした日々の中心にその嘆きがあるのだ。もし小鶴の願いが叶えられて、正式に学び、十分に考えを発展させる方法を獲得すれば、さらに小鶴の思考は展開し、人生や社会についての確かな思想を育てられたかもしれない。

江戸女流文学の作者たちは、充分な学力を身につけ、詩作し文を作り、様々な問題を考え批判してきたが、決して自分の置かれた現状を破ろうとまではしなかった。太平な時代であった故もある。小鶴ももちろんそれほど革新的ではないのだが、何故か現状に甘んじていられない、説明し難い鬱勃とした気持を持て余している様子が見受けられる。そして何者かが自分をより明晰な、理の通る世界へ連れ出してくれるのを待ち望んでいるように見える。

そこを考えると、小鶴は単に江戸女流文学の後衛に位置するだけの人ではない。やがて来る、維新後の女性の文学者、思索者、女権拡張活動家たちの魁《さきがけ》となる場に位置する人ではなかったかと思うようになった。

このような女性が、播州神東《じんとう》郡田原村をほとんど出ることなく、うつうつとして六十八年の生涯を送ったのである。そのことに私は強く打たれる。多くの人に、松岡小鶴の存在を知ってほしいと願わずにはいられない。

私は『小鶴女史詩稿』前半の「詩稿・文稿」(安政二年成立)と、後半の「南望篇」(天保十五年成立)の内、先に成立し小鶴自身によりまとめられた「南望篇」を『小鶴女史詩稿』の核心ととらえ、まず「南望篇」から読み始めた。「南望篇」に付された自序は、かなり詳細に自身の生い立ちと心情を私に語りかけてくれ、江戸末期の播州神東郡田原村辻川に生きた一女性の面影をありありと感ずることができた。本文中の「小鶴の生涯」は、ほぼ小鶴の自序に依り、他に『福崎町史』、姫路文学館図録『松岡五兄弟』、柳田国男著『故郷七十年』、筑摩書房『柳田国男全集21』その他を参考に辿ってみた。さらに一年後、元姫路学院女子短大教授松岡房夫著『柳田国男・松岡家 原郷 播磨での足跡』に出会い、同著も参考にした。

本書によって、松岡小鶴という稀有な女性の魂にふれていただくことができれば幸いである。

門 玲子

二〇一六年六月

幕末の女医、松岡小鶴　*1806-73*

目次

第一部　南望篇（松岡小鶴著・編　天保十五年成立）　61

文稿　161

幕末の女医、松岡小鶴

1806–73

柳田国男の祖母の生涯とその作品

西尾市岩瀬文庫蔵

『小鶴女史詩稿』全訳

小鶴女史について

門玲子

一　松岡小鶴の生涯

松岡小鶴は文化三（一八〇六）年、播磨国神東《じんとう》郡田原村辻川（現兵庫県神崎郡福崎町）に生まれ、明治六（一八七三）年に同地で亡くなっている。享年六十八歳。名は小鶴、号は縞衣《こうい》、通称は小けん、晩年は剃髪して自謙《じけん》と称した。号の縞衣は鶴の別名玄裳縞衣《げんしょうこうい》（黒いはかまと白いうわぎ、縞は白・しろぎぬの意）にちなんだものである。

父は同村の医者松岡義輔。生没年は明和七（一七七〇）年～天保十一（一八四〇）年。（明和八年生まれとする記載もある。）名は勇、字は義輔、号は左仲。母は姫路の桂氏の娘なみ（天保八年没）である。

松岡義輔は若い頃印南郡曾根の医師田中愿仲（京の医師吉益東洞の高弟）に医を学び、また京で吉益南涯（東洞の子）にも学んだと伝えられる。彼は開業すると、貧富の差別なく治療し、自分から報酬を求めなかった。また顔に瘤があったので進んで往診することを好まなかった。そのため暮しは常に貧しかったという。彼は医業の傍ら、音韻の研究や算木を使って平方根や立方根を求める算法も行った。さらに絵図を描くことを好み「並みの医者のしないことをした」と、柳田国男はその著『故郷七十年』の「わが家の特性」の項に記している。

松岡氏は代々天台宗であったが、義輔の母は熱心な日蓮宗の信者であり、息子にも勧《すす》めて日蓮宗に改宗させた。そんな事情から義輔は天台宗側から藩に訴えられて、何年かの所払いに処せられた。義輔となみ夫妻には寛政十二（一八〇〇）年に長男弁吉が生まれたが、その子は六歳で没した。文化三年に長女小鶴が、三年後に次女ゆうが生まれている。所払いを受けた松岡一家四人はしばらく京で流寓生活を送ることになる。その間小鶴は暮しの助けとして、絞り染の手仕事を習ったが、それ以外の家事などは習わなかったと伝えられる。義輔が吉益南涯に師事したのはこの時期かもしれない。

やがて故郷田原村辻川に帰った義輔は医業を続け、傍《かたわ》ら塾を開いて近辺の子供たちに学問を教えていた。「南望篇」冒頭の、小鶴の自序によると、彼女はこの頃から鬱状態に悩まされ、さまざまな身体の不調に見舞われている。しかし書簡や息子の文《ぶん》が付した識語《しきご》によると、その頃から父義輔が塾生たちに教えるのを傍らでじっと聞き入って、熱心に自学自習していたことが窺《うかが》われる。『小鶴女史詩稿』全編に見られる彼女の知的探究心と厖大な読書量はこの頃から始まったものであろう。

小鶴の身体的不調はかなり長引き、晩年までもしばしば悩まされることになる。思春期特有の変調に加え、並外れた高い知性と鋭敏な感性を持ち、男性に伍しても劣らぬ志と能力の萌芽を抱いていたのではないか。それがどのように発現すれば自己を満足させられるのかわからず、内的欲求の発展が妨げられる状態にあったのではないだろうか。男性の場合、武家ならば当然武士に、他の身分なら嫡男は家業の跡取りに、次三男なら学者にするか医者にするか僧侶にするか、その他さまざまな道を周囲が考えて、師を選んだり修業に出すなり軌道を敷いてくれる時代である。女性は最大の環境である両親、特に父親が娘の将来に何らかの方針がなければ、嫁ぐか婿を迎えて子を産むしか道はない。小鶴の知性と感性は自分の将来像を描けないままに、無意識に苦しみ、さまざまな身体症状となって現れていたように思われる。

父義輔は年頃になっても鬱々と楽しまぬ小鶴に婿を迎えることにした。父が小鶴を愛していなかったわけではない。ただ娘の内面にまで思いが及ばなかっただけである。周囲も、婿を迎えれば小鶴の難しい気質が変わるかもしれないと考えただろう。

隣村川辺村網干《あぼし》の中川至《いたる》が小鶴の婿に迎えられ跡継となった。天保二（一八三一）年のことである。至は文化七（一八一〇）年生まれ、小鶴より四歳年少であった。この中川家と松岡家、のちに小鶴の孫の泰蔵（のち通泰）が養子となった田原村吉田の井上家との間には古くから幾重にも姻戚関係があったようだ。柳田国男著『故郷七十年』には特に「中川・井上・松岡家の関係」という一項があってそれを書きとめている。

ただ一つの疑問点がある。それは『福崎町史』第二巻に「松岡左仲（義輔）には子どもがなかったので、現市川町内の西川辺という地にある医家中川家から小鶴という娘を養女にもらい……」と記されていることである。それをそのまま踏襲した研究書も見られる。しかし私がこの解説の第一の拠り所としている小鶴自身の「自序」には、「家君生一男二女（家君一男二女を生む）」と明記してあり、義輔には一人の男子と二人の女子がいたことがわかる。男子は六歳で没した弁吉であり、長女は小鶴自身、次女は三歳年下の妹ゆうで、嫁いで一子をもうけ、若くして亡くなっている。小鶴は「自序」の中でも、また他者への書簡の中でも、しばしば自分は虚言を書かないと明言している。さらに文への教えの中でも、文章を書く心構えとして、現実に基づいて書くようにと強く諭しているので、小鶴の「自序」は信頼できると思われる。また、文による『小鶴女史詩稿』の識語の中にも小鶴養女説は出てこないし、後世それぞれに一家を成し、見事な業績を挙げた孫の鼎《かなえ》や通泰《みちやす》もそれに言及していない。しかし国男が最晩年に語ったと思われる「故郷七十年拾遺」（『柳田国男全集21』所収）の中に、「……小鶴は、一門中川立元の姪にあたる婦人で、乞はるゝ儘に、左仲（義輔）の養女となっていた……」と記している箇所がある。これは『故郷七十年』の内容と矛盾しているのであるが、小鶴の所生に関しては検証する手段を今は持たないので、大きな疑問として提出しておこう。

　結婚した翌年、天保三（一八三二）年六月に長男文（のち操《みさお》）が誕生した。至と小鶴の夫婦仲はそれほど睦まじいものではなかったようだ。しかし父が塾生たちに教える『詩経』や『孝経』をしっかり聞き学んで、儒教による精神形成をした小鶴は、そこに説かれる女の倫理を守り、父や夫に従っていたようだ。不思議なことに父義輔さえも、至と口論するほどではないが、あまり和やかな関係ではなかったようだ。天保八（一八三七）年、母なみが亡くなった。翌年、文が七歳になった年に、至が感染性の病気にかかった。その際、彼が何か我ままを言ったことが義輔の気に障った。彼は小鶴に一言の断りも無しに、至を松岡家から離縁しようとした。子女の婚姻は家長の権限の内にある時代ではあるが、まことに一方的である。至は自分の非を悔いて詫び状を書き、妻の小鶴から義父である義輔に渡して離縁を撤回するよう頼んだが、義輔は聞き入れなかった。小鶴もまた夫を許すように父に願うことをしなかった。「自序」によると何か思う所あって黙っていたらしい。「方此時也。余若反復号泣以求之。則家君憐其情志。或能許之。（方《まさ》に此の時也。余若《も》し反復号泣して以て之を求むれば、則ち家君も其の情志を憐れみ、或いは能く之を許さん）」此の時に際して、自分が泣きじゃくって父に許しを求めたら、父もその心根を憐れんで、至を許したかもしれないというのだ。しかし小鶴はそれをしなかった。理由は「実由有所挟（実に挟《おも》う所有るに由る）」つまりじっと我慢して抑えてきたことがあったからだ、というのである。不幸にもその前年の天保八年に小鶴の母なみが亡くなっている。もしなみが健在であれば、夫義輔の怒りをなだめ、娘小鶴の思いやりのなさをいさめ、娘婿至の不満も聞いてやるなどして、娘夫婦の破局を防ぎ得たかも知れないのである。それが家刀自《いえとうじ》の働きというものであろう。残念ながらなみは亡くなっていた。その結果、至は松岡家を去り、後には人

松岡家略系図

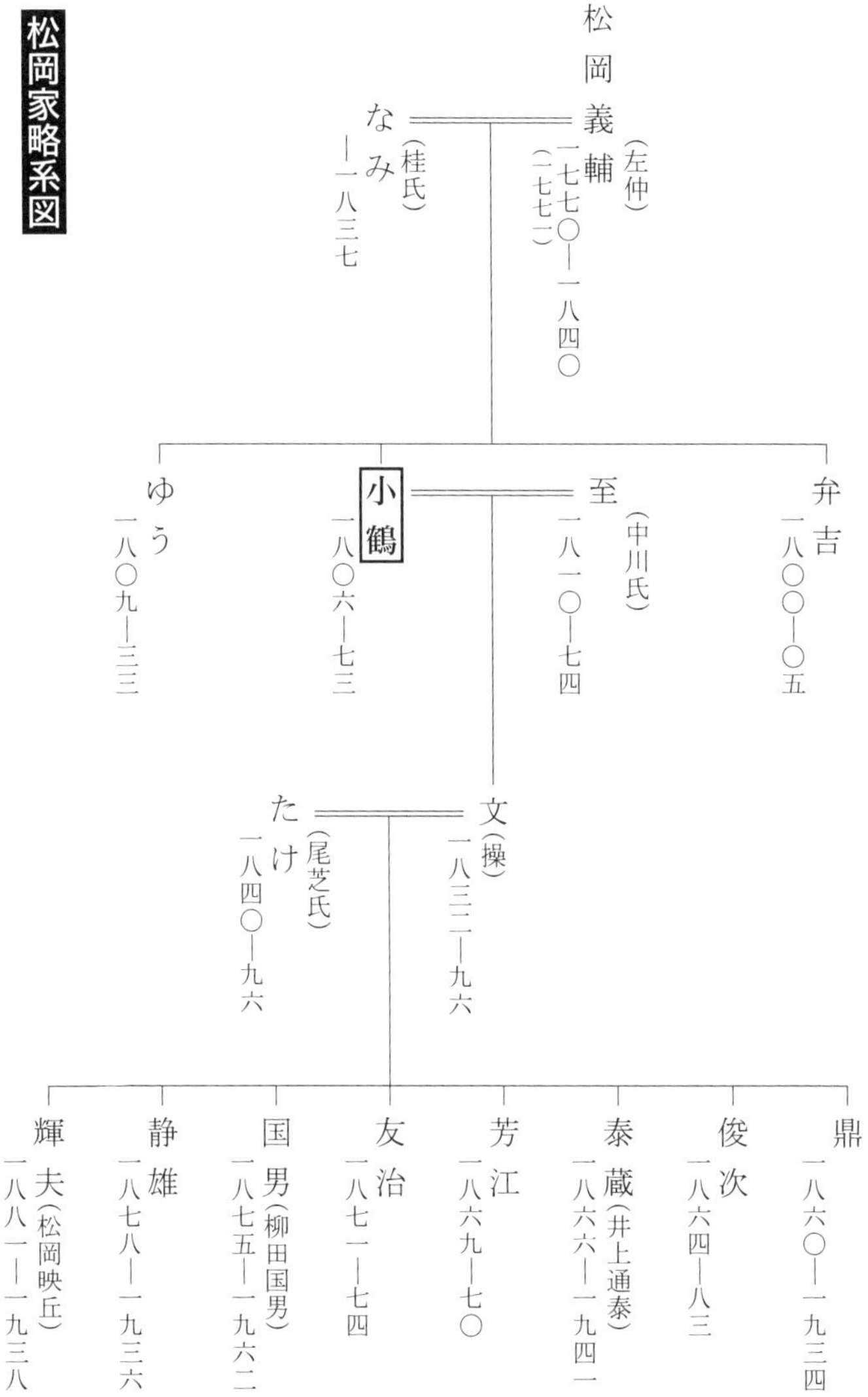
松岡義輔（左仲）
一七七〇—一八四〇
（一七七二）
なみ（桂氏）
—一八三七
ゆう
一八〇九—三三
小鶴
一八〇六—七三
至（中川氏）
一八一〇—七四
弁吉
一八〇〇—〇五
文（操）
一八三二—九六
たけ（尾芝氏）
一八四〇—九六
鼎
一八六〇—一九三四
俊次
一八六四—八三
泰蔵（井上通泰）
一八六六—一九四一
芳江
一八六九—七〇
友治
一八七一—七四
国男（柳田国男）
一八七五—一九六二
静雄
一八七八—一九三六
輝夫（松岡映丘）
一八八一—一九三八

間関係において実に不器用な、似た者同士の父娘と七歳の文が残った。

この不幸は生涯小鶴の心の傷となった。儒教の説く女の倫理を学んだ者として「奉夫不能遂礼（夫を奉じて礼を遂ぐる能はず）」、夫に対する礼を最後まで遂げられなかったことを、生涯の大罪としばしば言っている。小鶴は周囲の勧めがあったようだが最後まで再婚しなかった。

至の去った後、小鶴は父の医業を継ぐ決心をする。ある日彼女は父に懇願した。「お父さんも年取られました。いつかは先祖以来の医業を廃する日が来るでしょう。どうか私に日々のささやかな暮らしを守らせて下さい。そしてもし貴方が亡くなられた後も、不肖の私が必ず薬の匙を取って、家業を廃さず、さらにわが子を育て、御先祖の医業と血筋を守りましょう」と。義輔はこれを許し、さらに老骨に鞭打って医業を続け、とうとう世の務めに疲れ果てて亡くなった。天保十一（一八四〇）年九月五日である。享年七十一歳。その年文は九歳になっていた。小鶴はこれ以後、父の残したさまざまの医書、診療録などを読み、近隣の人たちの診療に当たるようになる。

松岡家には京都の古医方《こいほう》の名家吉益東洞《よしますとうどう》の医書その他多くの医書があった。のちに小鶴は文への書簡（「南望篇」⑭）の中で、「先考潜心本業。常熟読仲景之遺論。玩味吉家之立論。旁及後世諸家（先考、本業に潜心し、常に仲景の遺論を熟読し、吉家の立論を玩味し、旁ら後世の諸家に及ぶ）」と書き送り、父義輔の医学の勉強の方法を伝えている。義輔は後漢の張仲景の医書『傷寒論《しょうかんろん》』

『金匱要略《きんきようりやく》』などを熟読し、吉益東洞の著した医書をさまざまな自分の経験と照合して調べ味わい、その後の医家たちの医書をも参考にしたのである。そして考察した所を吉益の医書の上欄に書きこんだ。小鶴は父の書き込みを成人した後によく読むように、と文に教えている。おそらく小鶴もそれらを熟読し学んだのであろう。義輔、小鶴父娘の勉強ぶりがわかる。

ここで吉益東洞について少し説明しよう。東洞は広島の人。元禄十五（一七〇二）年生まれ、安永二（一七七三）年京都で没。京で堀景山について古医方を学んだ。張仲景著『傷寒論』『金匱要略』を深く学び、京で多くの門人を育てた。宝暦四（一七五四）年に山脇東洋《やまわきとうよう》が刑死体を解剖して日本で初めて人体解剖図『臓志』を著したが、東洞は山脇東洋とも親交を結んでいる。江戸で杉田玄白たちが『解体新書』を出版するのは、その二十年後の安永三（一七七四）年のことである。当時の多くの医師たちは、朱子学の影響を受け、陰陽五行の理や五運六気によって病理を論ずる、思弁的な医学を奉ずる後世方《ごせほう》の人たちであった。やがてそれに疑問を持つ革新的な医師たちの間に、経験と実証を重んじた秦漢時代の医学に還ろうとする復古の気運が起こる。彼らは親試実験を標榜して、死体解剖を試み、人体内部の実相を知ろうとするのである。この医師たちを古医方といった。山脇東洋や吉益東洞はこの時代の古医方家であった。さらに時代が降ると古医方が大勢になり、やがて蘭学、洋学の時代となる。しかし東洞は安永二年に亡くなっている。その時小鶴の父松岡義輔は三歳である。直接東洞の教えを受けることは出来なかった。彼は東洞の高弟、印南郡曾根の田中愿仲（享保十（一七二五）年～寛政四（一七九二）年）について医学を学び、その後、京に流寓中に東洞の子吉益南涯からも学んだと思われる。

柳田国男著『故郷七十年』の中に、田原村吉田の井上家（国男の次兄通泰の養家）に松岡家の蔵書を入れた本箱があった。その本箱の中に曾祖父（義輔）が書いたと思われる診断書で、舌ばかりを一枚に九つずつ描いたのが何枚もあったことが書かれている。舌に見られる病気の徴候を一々記したものである。それを持って帰りたかったが、旅行中なのでかなわず、次に帰郷した時にはもう無くなっていた、と残念がっている。流行らなかったとはいえ、義輔は細心に患者の舌を観察し、病の徴候を記録する研究熱心な医者であった。小鶴も父の医書から熱心に学んでいる。松岡家の医学は、現実を重視する古医方の系譜に属する。

父義輔の没後、小鶴は医業を営むかたわら、熱心に一人息子文を教育した。ある時は伝手《つて》を求めて、姫路藩の儒者角田義方に文の詩作を見てもらっている。角田は文の詩才に驚き、また母小鶴の識見にも深く感じ入って、後に文は角田からさまざまな配慮を受けることになった。

天保十五（一八四四）年、文は十三歳になった。その年二月、田原村の南隣りになる加古郡安田村の梅谷左門の塾に学僕として入門することになった。数え年で十三歳といっても、六月生まれなので満年齢でいえば十一歳に過ぎない。生まれてから十余年、一日も息子と離れたことがなかった小鶴の心配は、一通りではなかった。頻繁に手紙で様子を訊ね、息子を気遣う詩を送り、怠けるなと励まし、毎日のように返事を待っている。たまに返事が来ると、天にも上るように喜んでいる。熱烈な母性愛がほとばしるようだ。一方文の方は母と離れて確かに淋しいが、ある面で解放感を感じているように見える。しばしば悪戯をしては罰として師から顔に墨を塗られ、それを、治療を受けにきた同郷の人に見つけられて母の知るところとなる。母からは、どうしてお前は故郷に名誉な話を伝えてくれないのかね、となじられるありさまだ。田原村と安田村という隣り合った村の狭い地域で、親切心とお節介とが入り混じり、小鶴が気を揉む様子が微笑ましい。

しかしやはり文はその優秀さで頭角を現し、半年後には姫路の郷学仁寿山黌に転じ、前述の藩儒角田義方の推薦で、姫路藩の藩校好古堂に入学することになった。その際、文は一時角田の娘の嫁ぎ先、田島家の養子の形で、田島賢次と名乗った。理由はわからないが、松岡家は医者といっても農民身分であり、藩校に入るに差し障りがあったのかも知れない。あくまでも私の推測である。

文が藩校に入った時点で、小鶴の自序および「南望篇」は終わっている。小鶴は後日息子が母の思いを知るよすがとしようとして、自序を巻頭に置き、文に宛てた書簡と詩を一冊にまとめた。天保十五（一八四四）年十月のことである。

その三年後の弘化四（一八四七）年に、十六歳の文は藩主の前で書を講ずるという栄誉の役を果たした。小鶴は大いに喜んで、七言絶句二首を贈っている。この詩は「南望篇」には入っていないが、小鶴の没後、五十年祭が行われた際に、孫の松岡鼎《かなえ》の手によって出版された『松岡小鶴女史遺稿』の中の「南望篇」に加えられた。これは『小鶴女史詩稿』の異本とも言えるものである。その詩は本文の中で紹介する。

二　小鶴と一人息子、文のその後

姫路の郷学仁寿山黌に移り、さらに藩校好古堂に入学した文は、小鶴から少し遠い存在になったように感じられる。成長したわが息子に少し遠慮しているのか。「南望篇」に見られるような、率直な書簡を見ることができない。この頃からか、小鶴は医業よりも近隣の子女たちに漢学を教えることに情熱を傾けるようになった。『唐詩選』から詩を選んで、手作りの詩かるたを作っている。七言絶句を上下半分ずつにかき分けて、読み札と取り札を作り、それで遊びつつ子供たちに詩を覚えさせたものか。柳田は『故郷七十年』の中で、彼が成人した頃、村には漢詩を読むおばあさんが何人かいた、と記している。小鶴はわが子が少し大人になったので、他に情熱のはけ口を求めようとしたのかもしれない。弘化二（一八四五）年八月に姫路藩より表彰を受けた。田原村辻川を巡見した郡代吉沢繼章より褒美として扇子料を受けている。理由は「其方儀貞実にて平生心得方宜家業致出精候趣相聞奇得之事に候……」である。

好古堂で学んでいた文は弘化四年に十六歳になった。彼は優秀な成績で、藩主の前で書を講ずる名誉を与えられた（当時は賢次）。小鶴が大いに喜んで、絶句二首を賦したことは前に述べた。

十九歳になった文が精神的不安定、素行の悪さから藩校好古堂を退学させられることになったのは嘉永三（一八五〇）年頃である。窃《ひそ》かに藩校を抜け出して父親に会いに行き咎められ、母小鶴からもひどく叱られたのはこの頃である。父中川至は松岡家を去った後、朝来郡生野の真継という家の入婿となっていた。彼はかなり気概のある人で、のちに平野國臣らが生野で天誅組に呼応して武装蜂起（文久三（一八六三）年）した時、檄をとばして励ましたと言われている。時代は次第に動き、諸外国からしきりに開国を求められるようになっている。青年たちにも時代の不穏な空気はひしひしと伝わったことだろう。それまで強い母の愛情を一身に浴び、その庇護の下、師友たちの引き立てを受けてきた文が、父性を求め、一廉の人物と言われる父親の謦咳に接したくなったとしてもおかしくはない。その時父至が文に対しどのように対応したかはわからない。しかし母の激しい怒りにあって、そのままになってしまったらしい。儒教精神をしっかりと身に付けた強力な母に逆らうのは、文には無理なことであったのか。

小鶴の、元夫至に対する気持ちはかなり屈折している。始めから二人の気風は合わなかった。そのため父義輔が至を離縁した時も、敢えて取りなさなかった。一方小鶴は『詩経』や『孝経』

に説かれた婦人の道に固執している。夫至に対して妻としての礼を尽くせなかったことを自分の至らなさとして生涯の悔いとしている。さらにその理由を夫のせいと考えていたかも知れない。息子文が父性を求める気持ちにまで、思いが及ばなかったのではなかろうか。至と文父子の間はそのままになってしまった。しかし後年、文の子供たち、つまり至の孫たちは、顔も知らない「祖父を懐しむの余り、兄弟相携へて」墓参したことが、「故郷七十年拾遺」に記されている。

好古堂を退学になった文は、飾東郡木場村の三木という医者について医を学び、辻川に帰って開業している。おそらくこの機会に、田島賢次という名前から松岡文（操）に戻ったのではないだろうか（以下操とする）。恩師角田義方からもらった名前を名乗り続けることは、遠慮があったろう。字は子禮、雪香・約斎と号した。この頃から小鶴、操の母子の同居がまた始まった。操は安政二（一八五五）年、母小鶴の詩文をまとめ、天保十五（一八四四）年に小鶴自身が編んだ「南望篇」と合わせて一冊とし『小鶴女史詩稿』と題した。その年、小鶴はすでに知命（五十歳）となっていて、操は母の老いを身近に感じたようだ。

『小鶴女史詩稿』を通読すると、前にも述べたが、小鶴・操母子の情愛の発露が直に感じられる。マザーコンプレックスというような屈折した概念がまだない時代の、素朴で原初的な母子愛である。親離れ、子離れなど考えることもなかった時代の強い絆である。

頼山陽と母静子、森鷗外と母峰子らの母子愛が連想され、昔はこのような母子のあり方がごく普通にあったと思われた。その母子愛が『小鶴女史詩稿』の中で、ただの記録ではなく文章表現にまで至っている点に、この小冊子の稀有な価値が感じられた。

この前後から操は医者として或いは儒者として、さらには国学の面でも猛勉強をしたようである。操は安政六（一八五九）年、二十八歳の時、隣の加西郡北条村尾柴家の娘たけを妻に迎えた。たけは天保十一（一八四〇）年生まれ、操より八歳若い。彼女は文字が書けない女性であった。しかし気丈で聡明、抜群の記憶力の持ち主であった。操が塾生たちに教えるのをじっと聞いていていて、自分の子供たちが間違えて読むと、すぐ訂正したと柳田は書いている。さらに大変人情の機微に通じていて、近所の人たちの揉め事の相談に頼りにされるような人柄であった。

翌年、万延元（一八六〇）年に操・たけ夫妻に長男鼎《かなえ》が誕生した。小鶴は一人息子を遊学させてから、自分の孤独の淋しさをしばしば詩文に訴えてきたが、息子夫妻に次々と男児が生まれる喜びに恵まれたのである。

文久三（一八六三）年、操は姫路の熊川舎《ゆうせんしゃ》という、町の有力者たちが出資する学校の舎監に招かれて、一家は姫路へ移住している。藩校を退学させられたと言っても、操の実力を知る人が多かったのであろう。「松岡操君碑文」（『松岡小鶴女史遺稿』所収）によれば、操は儒教ばかりでなく、国学仏典にも深く通じ、記憶力にすぐれ、人から物事の典拠を問われると、立どころに和漢の故事を歴挙して答えたという。

操一家が移住した時小鶴は村に残り、初孫の鼎は祖母の下に残ったようだ。操が姫路へ移ってから、次男俊次、三男泰蔵（後の井上通泰）、四男芳江が生まれた。この時期が経済的にも安定し、穏やかな生活であったらしい。しかし時代は維新前後の激動期に入っていて、どの藩も町も安穏ではなかった。明治三（一八七〇）年頃に熊川舎は閉鎖されたらしい。明治二年に生まれた四男芳江は翌年亡くなり、一家は明治四年頃に小鶴のいる辻川に帰っている。詳細は分からないが、操はしばらく姫路敬業館という中学で漢学の教師を務めている。維新前後の激動の時期に、彼は精神的に不安定になり、家計もかなり苦しくなっていたようだ。

明治六（一八七三）年に小鶴が亡くなった。六十八歳であった。死期を告げて、自ら「孝貞烈女」と諡《おくりな》して没したと伝えられる。

独り身の淋しさを頻りに訴えていた小鶴は、操に次々と五人の男児が生まれるのを見て、安心して亡くなったのだろうか。辻川へ帰ってから生まれた五男友治は明治七年に亡くなった。柳田国男以下の三人の男児が生まれたのは、小鶴が亡くなって二年以後のことである。

幼時を祖母小鶴と暮らしたとみられる鼎は、明治八年、姫路師範学校に入学する。のち神戸師範学校に転学し、明治十一年、故郷の昌文小学校の教師となり、翌十二年に松岡家の家督を継いだ。この間父の操は教師か神職を務めており、自宅でも塾を開いていたと思われる。明治十五年頃、操は鳥取県西部大山麓の赤崎町の学校に漢学教師として招かれた。家計が苦しいので一人で赴任するが、ひどいホームシックにかかり一年半ほどで人に付き添われて帰宅した。操は儒教思想を信奉し強い個性の持ち主であった母小鶴に育てられ、学問一筋で世俗に染まらない、世渡りの下手な性格になったようだ。このことがあってから、一家は妻たけの故郷加西郡北条町に移住し、国男は明治十六年に北条町の高等小学校に入学した。

三　松岡操（文）の息子たち——鼎、通泰、国男、静雄、輝夫（映丘）

柳田国男は長兄鼎が松岡家当主になった明治十二（一八七九）年に、五歳で昌文小学校に入学している。鼎は明治十四年に帝国大学医科大学別科に入学した。別科とは医師の速成を目指す科である。彼は自分の学費を稼ぐ他に、郷里の実家に仕送りまでしている。柳田は子供の頃、東京の兄から為替が送られてくると、母に頼まれて隣町の郵便局まで為替の換金に行かされ、怖い思いをしたことを書いている。鼎は東京で医師の代診でもしていたのだろうか。これは私の推測であるが。次兄通泰《みちやす》は「嗚呼我父母」という一文の中で「此兄の修業時代は一家が最も窮迫していた」ので、兄は「弟たちを育てたり、教育したりするために、自分の一生を犠牲にして惜しまなかった」と、鼎への敬意と同情を込めて書いている（『福崎町史』第四巻資料編Ⅱ）。

現在、兵庫県福崎町にある柳田国男・松岡家記念館の二階には、三十冊に及ぶ鼎の小振りのノートが展示されている。それを見ると、細字でびっしりと大学での講義や、学んだ治療法、繃帯《ほうたい》の巻き方などが図解入りで記されていて、彼の猛勉強を偲ばせる。三男の泰蔵は田原村吉田の医者井上家の養子となり通泰と名乗っていたが、彼も明治十九（一八八六）年には帝国大学医科大学に入学した。そしてその後は兄と二人で郷里の両親と、小鶴の死後に生まれた三人の弟たちの面倒を見るのである。

長男の鼎という人は本当に優しい温かい人柄の持ち主であったようだ。後に井上通泰の孫娘の一人は、思い出の中で「鼎のおじ様。おじ様は大変優しく、傍によると体のシンまで暖まる様な方でした」（『松岡五兄弟』姫路文学館）と書いている。使命感から儒教道徳で厳しく息子文を育てた小鶴であるが、孫鼎に対しては春風に包むような愛情で接したのではないだろうか。後年まで鼎、通泰兄弟は祖母小鶴を敬慕していた。

国男は明治十八年に北条高等小学校を卒業すると、故郷辻川の大庄屋三木家に一年間預けられた。母たけが頼んだのである。三木家の裏座敷の二階には、この家の厖大な蔵書があった。国男はこれらの蔵書を自由に読むことを許され、彼が第一の濫読時代と位置付ける一年を過ごすことになる。国男は後年『故郷七十年』の中で、なぜ自分にこのような恩恵が与えられたのか分からないと書いている。彼は兄弟中で一番腕白で悪戯が激しく、三木家の女中たちからまず排斥運動を受けるほどだったのだ。しかし亡き祖母小鶴と三木家の先代の当主三木通深（竹臺）との深い精神的繋がりによるものがあった。それについては次の項で説明する。

明治十九年に大学医科別科を卒業した鼎は、翌二十年、茨城県北相馬郡布川町《ふかわ》（現利根川町布川）で開業し、九月に故郷の弟国男を引きとった。布川の鼎の病院の近くには知人の小川家があり、ここにも厖大な蔵書、それも江戸時代までの書物に加え、新しい時代の書物、硯友社の『我楽多文庫《がらくた》』や花柳雑誌までもあった。ここで国男の「第二の濫読時代」が始まる。国男の底知れぬ広いさまざまな知識はこうして吸収蓄積されていった。また国男は布川で、近くの地蔵堂にあった子間引きの絵馬を見て、強い衝撃を受けている。これは有名なエピソードである。彼は故郷田原村辻川一帯でも、かつては堕胎、子間引きの風習があったことを知らなかったのであろう。その悪習を祖母小鶴が人の道に外れた所業だと村人を諭して、止めさせたのである。それ故、彼が生まれた頃には辻川一帯にその悪習はなかった。現に彼は八人兄弟であり、両親、兄たちに愛され、周囲の人々から暖かく見守られて育っている。子間引きの絵馬を見たときの衝撃の大きさが思われる。布川ではまだその習慣が残り、鼎の所へも死亡診断書を頼みに来たが、彼は書かなかったようだ。

明治二十二年九月、鼎は故郷の両親と二人の弟静雄、輝夫（後の映丘）を布川へ呼びよせている。明治二十三年冬に井上通泰は国男を東京へ引きとった。そして二十四年に大学医科を卒業するとすぐ、下谷区御徒町で眼科を開業した。その年二月に、母たけと二人の弟を東京へ呼びよせた。父操も後から上京したようだ。同年、国男は開成中学に入学し、翌二十五年には郁文館中学に転校している。

明治二十六（一八九三）年四月、通泰は姫路病院に副院長として招かれ赴任した。同年七月、第一高等学校に合格した国男は、その祝いに姫路の兄の家に招かれて滞在し、故郷辻川をも訪れた。辻川には肉親や身近な親戚はもうほとんどいなかった。その後彼は辻川を訪れるたびに、かつて一年預けられた三木家に厄介になった。そして故郷とか先祖というものについてさまざまに考察を巡らすことになる。三木家の当主拙二は小鶴と親交のあった三木通深（竹臺）の孫であり、国男とは幼い頃からの親友であった。国男は彼を拙二翁と言って、三木家との交誼を生涯感謝している。

明治二十八年、鼎は利根川を隔てて、布川の対岸にある千葉県南相馬郡布佐町（現我孫子市布佐）に凌雲堂医院を新築し、両親のための別棟も造った。東京から移ってきた両親は、鼎の孝心も空しく翌二十九年、母たけが七月八日に、父操は九月五日に相次いで亡くなった。操は学問一筋の、世事に関心のない人で、たけがいなければ生きていけないような生涯だった。しかしたけはそんな夫を誇りとし、子供たちに「お父さんはお前のようじゃなくて、もっと勉強家だった」と言い、物差しで本の厚さを計って見せて、子供たちを励ましたという。

鼎は明治四十（一九〇七）年、東葛飾郡医師会を設立して会長となり、大正七（一九一八）年には、千葉県医師会の会長にもなった。大正九年、還暦を迎えると、故郷辻川を訪問している。二年後の十一年には祖母松岡小鶴の五十年祭を執行し、『小鶴女史詩稿』の異本ともいえる『松岡小鶴女史遺稿』をまとめた。これには小鶴の和歌を二十七首と郡代の表彰文、「松岡小鶴女史伝」「画像」、さらに父操の碑文も収め、三百部印刷して関係者に配った。のちに弟通泰に『松岡小鶴女史遺稿』を通泰の随筆集『南天荘次筆』（昭和十一年）に収録するようにと遺言した。鼎と通泰の、小鶴を敬慕する気持ちは生涯変わらなかった。

井上通泰は明治二十八（一八九五）年、第三高等学校医学部教授に招かれた（この医学部は後の岡山医専、現岡山大学医学部）。通泰は明治三十五年にここを辞任して、東京麹町に眼科医院を開業した。別に通泰は、二十代の始めから、香川景樹の和歌に傾倒して以来、歌道に心を入れるようになる。これは弟国男に触発されてのことだったかも知れない。国男が十三歳の時、次兄通泰に連れられて、長兄鼎のいる布川へ赴く途中のこと、国男が神戸の旅宿で香川景樹の有名な和歌を披露すると、通泰が驚いて「誰の歌だ」と訊いたというエピソードが『故郷七十年』の中に記されている。通泰は開業後に自宅で歌学研究会を起こし、新聞「日本」の歌壇撰者になった。これが山県有朋の眼に留まり、御歌所寄人に推され、宮中顧問官の要職に就いて、皇后（後の貞明皇后）に万葉集進講も行った。昭和十三年、七十三歳の時、勅命で貴族院議員となっ

松岡五兄弟、大正 10 年。右より井上通泰、松岡鼎、柳田國男、松岡静雄、松岡映丘
姫路文学館 提供

た。

明治三十（一八九七）年、国男は東京帝大法科大学政治科に入学した。そして三十三年に卒業するとすぐ農商務省に勤務する。三十四年に柳田家に養子として入り、翌年、法制局参事官に任官、明治三十七年柳田孝と結婚した。その前後から東北、北海道、九州各地を巡り、土地の人々の生活を記録するようになった。彼は経世済民の志を抱いていたのだ。大正二年には雑誌『郷土研究』を創刊。以後、本格的に民俗学研究に入っていく。代表作『遠野物語』が出版されたのは、明治四十三年、三十六歳の年である。これ以後、日本の民俗学研究は大きく発展することになる。大正三（一九一四）年に貴族院書記官長になり、翌四年には大正天皇の即位礼に奉仕し、儀式を取

り仕切った。大正八年、四十五歳でその職を辞任、その後朝日新聞社の客員として各地を旅行、民俗学上の重要な著作を続々と著し、日本の民俗学を築き上げた。その功績は多くの人の知るところである。

国男のすぐ下の弟静雄は明治二十八（一八九五）年海軍兵学校に入学。二年後に首席で卒業した。次々と昇進し、巡洋艦千代田の航海長として日露戦争に参加し、後に東郷平八郎の下で参謀を務めた。海軍大佐に昇進した大正七年に海軍を退役し、その後は兄国男の助力を得て「日蘭通交調査会」を設立。のち在野の民族学者、語学者として多くの著書を著した。

末弟の輝夫は郁文館中学在学中から橋本雅邦につき、のち大和絵の山名貫義に師事する。東京美術学校日本画科を首席で卒業。優れた大和絵画家となり、映丘《えいきゅう》と号した。その後母校の教授を長く勤め、門下から橋本明治、高山辰男、杉山寧《やすし》など優れた画家を輩出した。近年評価が高まり、平成二十三（二〇一一）年には練馬区立美術館で大規模な回顧展が開催された。歴史上の人物、事柄を題材にしたものが多い。現在、柳田国男・松岡家記念館の二階には、映丘の画の下絵が多く展示されていて、彼の実力を感じさせる。

松岡操（文）・たけ夫妻には八人の男児が生まれた。二人は夭折し、次男俊次は十九歳で亡くなった。残った五人の男児のうち国男以下の三人は長男鼎、三男通泰の力と働きによって、それぞれの能力を存分に発展させることが出来た。両親も二人の力に助けられ、六十年余の生涯を終えた。小鶴が懸命に育て上げた一人息子松岡文（操）の一家は、強い絆で結ばれ、幕末期から明治維新以後の激動期をこうして生き抜いたのである。

小鶴の五人の孫たちの生き方に、長々と筆をついやしたが、私の主題はあくまでも『小鶴女史詩稿』という一冊のテクストである。この一冊にこめられた思いを、子や孫たちの活躍の中に吸収拡散させてしまってはならない。今一度『小鶴女史詩稿』と、著者小鶴その人に戻ろう。

四　松岡小鶴と三木通深（竹臺）のこと

『小鶴女史詩稿』の前半、文稿の部分には、八通の書簡が収められているが、内四通は三木通深（竹臺）あてであり、長文のものが多い。さらに「南望篇」の自序の頭注も通深によるものである。小鶴と通深はどのような関係であろうか。

三木家は代々、姫路藩の大庄屋を勤める家柄で、通深（竹臺）は七代当主である。

三木通深は文政七（一八二四）年に生まれ、安政四（一八五七）年に亡くなっている。享年三十四歳という短い生涯であったが、文化的にも庄屋としても活躍した人であった。小鶴とは幼少の頃からの知人である。

通深は幼名尚之、通称種之助、のち通称は慎三郎、号は笠峰、竹臺、公逢その他多数あるが、小鶴の通深あての書簡はすべて竹臺となっている。彼が七歳になった文政十三年八月に、松岡義輔方へ入学したという記録が三木家文書に残っている。その時の束脩《そくしゅう》が金百疋、お内儀（妻なみ）と息女小鶴へ挨拶として一朱ずつ、同門の子供たちへ筆一対ずつを贈っている。鄭重なものである。小鶴と通深の縁はこれから始まったとみられる。三木家での幼少時の家庭教育もかなり充実したもので、家に逗留する画家から教えをうけ、姫路を往来する文人たちとも交流している。天保九（一八三八）年に十五歳の通深は姫路に逗留中の画家浦上春琴に入門した。その年の秋大坂の懐徳堂に入り、中井碩果《せきか》の門人となった。父三木通明は中井竹山の門人であった。ここで学んだ通深は、天保十四年九月に江戸で林家に入塾し昌平黌で学んだが、僅か四ヶ月で退塾している。彼には父の大庄屋の実務を助けねばならぬ事情があり、長期間江戸に滞在はできなかった。さらに父通明が翌十五年七月に急逝したので、三木家七代当主として大庄屋の実務を担当することになった。彼はその後も江戸、大坂の友人たちと交友する一方で、姫路や生野の知友たちと広く交わっている。通深の幼時の師松岡義輔はもう亡くなっているが、小鶴とは十八歳の年齢差はあっても親密に交流した。四通の書簡に見られるように、小鶴は通深を深く信頼し、遠慮なく意見を戦わせて議論している。またそれぞれの書いた文章を見せあっている。残念なことに通深は安政四年に三十四歳の若さで亡くなった。

三木家はまだ幼い承太郎が継ぎ、明治維新前後の困難な時代を過ごすことになる。松岡小鶴はその十四年後の明治六年に亡くなった。柳田国男は二年後の明治八（一八七五）年に生まれている。

十年後、明治十八年に北条の高等小学校を卒業した国男は、辻川の三木家に一年間預けられることになった。そこの裏座敷の二階にある厖大な蔵書を自由に読むのを許されたことは、前にも書いた。柳田の記憶によると裏座敷は一階二階ともしっかりした八畳二間で、二階が本箱の部屋であった。そこに主として通深の集めた厖大な書籍がおかれ、自由に読ませてもらえたのである。これらの書籍は父操が常々羨んでいたが、その恵みが母たけの一回の頼みで国男に与えられた。「（このことは）今考えても不審のようであるが、これは多分学問への大きな愛情と、つぎには主人の判断を重視した、前々からの家風であったろう……」と柳田は『故郷七十年』の「南望篇」の項に書いているが、そのような漠然とした理由ではない。三木家の先代通深と松岡義輔・小鶴との長い縁、さらに通深と小鶴の強い信頼関係を当主承太郎がよく知っていたからである。もともと三木家は学芸に関心の深い家風であり、書物は読まれなければ意味がないという認識があったかも知れない。それが柳田のいう「学問への大きな愛情」なのである。それら幾つもの縁が国男に味方した。さらに兄弟の中で一番怜悧で才気煥発であったと言われる国男の強さが、この幸運を引き寄せたかも知れぬ。こうして彼の第一の濫読時代が得られたのである。

小鶴の没後に生まれた国男であるが、やはりその血を受け継いでいると思われることがしばしばあった。小鶴が息子文にあてた書簡の中で「……筆を下すの際、務《つと》めて実際に据《す》え、虚飾に渉《わた》る無き、亦た先務にあらず乎《や》」（「南望篇」17）と再度諭すのを読むと、あの『遠野物語』や『先祖の話』『妹《いも》の力』など数々の、現実と実感を踏まえた、鍛錬された鋼のように勁く美しい文章が想起されるのである。国男自身も、曾祖父や祖母の「変わった性癖が、どうも私どもに遺伝しているのではないかと思う」（『故郷七十年』の「わが家の特性」）と語っている。

三木家の邸宅は、兵庫県の指定文化財として公開されていたが、現在（二〇一三年）、県によって修理復元の作業中である。完成すれば裏座敷も復元されるのであろうか。三木家の文書類は町に寄託となっているが、その中に小鶴関係のものも見られるかもしれない。

五　『小鶴女史詩稿』を読み終えて

『小鶴女史詩稿』を何とか読み終えて感じたことは、まず小鶴の息子文に対する強い母性愛と、彼を何とか一人前の儒者にしたいという意欲である。それらは過剰なまでに強いものだが、彼女の大きな使命感によるものである。父祖の代からの医業を継ぎ、兼ねて儒者として家門を起こさねばならぬという使命である。しかしそれは自分がもっと学びたかったという、満たされぬ気持ちに裏打ちされたものであることが感じられる。小鶴は三木通深（竹臺）に宛てた書簡の中で、「貧賤にして書籍乏し、婦女にして師友無し、又た加うるに鬱病を以て心志了了たらず」（「文稿」②）と訴えている。そして書簡のあちこちに、正式に学んだことは一度もない、文章の意味もわからない、自分の書くものは文章の体を成さないなどと書き、さらに独りの胸の内に鬱悶が満ちているが、訴える所がない、神に問うても神は黙って答えない、と満たされぬ思いを繰り返し述べている。雅趣を共に話し合える息子文は遊学して手元に居らず、同じ知的レベルの女友達もいない。年若い大庄屋の三木通深のみが、徹底して遠慮なく話しあい、知的刺激を感じあえる相手となってくれた。しかし彼は三十四歳の若さで亡くなった。小鶴の孤独感はいっそう深まったであろう。息子の文が父祖以来の医業を継ぎ、さらに儒者としても認められ、姫路の学校の校長として迎えられた。それは嬉しいことだが、ただ手放しで喜び、満足していたとは思えない。

客観的に見れば、小鶴はそれほど不遇ではない。神東郡田原村辻川という所はかなり豊かな土地柄である。柳田国男はその著『妹《いも》の力』の冒頭で「諸国の旅を重ねた後に初めて心づいてみると、わが村は日本にも珍しい好い所であった。水に随う南北の風通しと日当たり……稲田によろしきゆるやかな傾斜面、仮に瀬戸内海の豊かなる供給がなかったとしても、……繁栄の条件は昔から備わっている」と述べているように、人の往来の多い、賑やかな土地であった。

小鶴は確かに貧しかったが、絶えず小鶴と文母子の暮らしを援助してくれたり、中元前に文を遊学先から連れ帰ってくれたりする親身な親戚もあった。それに満足していれば穏やかな気持ちで暮らしていられたのである。楽しみもないわけではない。しかし小鶴はそこに満足できなかった。「婦女にして師友無し……」という通深あての一言が、現代の私に強く訴えてくる。

小鶴は自分の家にある蔵書で懸命に学んだ。小鶴の詩文に見られる用語、あるいは引用される多くの故事、逸話などから、彼女の読書量の大きさが推察される。そして父に教わった算法を駆使して「天が下の歌の数を知る法」という著述をしたり、平安末期の武将多田満仲にまつわる「末世忠鑑児操《ちごのみさお》」という浄瑠璃本まで書いたようだ。残念ながらそれらは今見ることが出来ない。ほかに『松岡小鶴女史遺稿』には二十七首の和歌が収められている。さらに儒教一辺倒の女性かと思えば、篤い地蔵信仰も持っていたようだ。まことに多様で多才な人であったといえる。

そして大半の著述は漢文でなされている。また屈原《くつげん》や班婕妤《はんしょうよ》、王昭君、或いは大宰府に左遷された菅原道真のように、正しい心を持ちながら悲運にあう人物に強い共感を寄せて詩作している。儒学の書で学び、詩を学んだ小鶴はそのような表現方法を一番好んだのだろう。どうやら自分の本当の欲求が何であるか、その正体がわかっていないらしい。何か内部からこみ上げる無目的な情熱に突き動かされて思索し、詩作し文章に表現している。身近にあったのが漢詩文の書だったし、漢文読み下し体の、格調にも惹かれていたのだろう。さらに何よりも男性同様に難しいことに挑戦し、自分の力を試したかったのではないか。正式に師につかず、父義輔が子弟に教えるのを聞いていただけの学力で、遮二無二突き進んでいったようだ。

その結果であろうか、彼女の漢文は独特のものになった。いわゆる漢文の格に外れているのである。教科書や入試問題に出るお手本のような整った文章ではない。言いたいことだけがほとばしるような、せっかちにたたみ込むような、破格の文章になった。読む者にとってはまことに難渋させられる、わかりにくいものになった。小鶴自身それをよく弁えていて、自分の文は語を成さず、ましてや体を成さず、と繰り返し述べていて、口惜しさがにじみ出るようだ。そのことも「婦女にして師友無し」という痛切な思いの裏にあったのである。ではどうすれば小鶴の真の思いは叶えられたであろうか。

小鶴は明治六（一八七三）年に六十八歳で亡くなった。それから十年も経たぬ明治十五年頃から、一人の女性が、京、大阪、さらに姫路、岡山と小鶴が生涯を過ごした田原村から遠くない辺りで、自由民権の諸士に伍して、女権運動について演説を行っている。名を岸田俊子という。後に結婚して中島湘烟《しょうえん》と名乗った。彼女は文久三（一八六三）年京都に生まれた。両親はともに田原村からは北に位置する豊岡の人で、京で呉服商をしていた。俊子は明治三（一八七〇）年、下京第十五校（小学校）に入学し、抜群の成績を収めた。明治九（一八七六）年には京都府主宰「文選」の講義試験で一位となった。俊子の母が竹香の号を持つ漢詩文に素養のある女性で、娘の教育に力を注いだと言われる。明治十二年、十七歳の時に明治天皇の侍従山岡鐵舟の推薦で、宮中に文事御用掛として出仕。明治天皇の皇后に漢学を進講している。孟子の講義が殊に優れていたと伝えられる。その二年後には辞職し、京に帰って自由民権の諸士と交わり、彼らとともに各地で女性の地位、権利について演説を行うようになった。俊子の演説は当時の若い女性たちの社会意識を大いに目覚めさせた。とくに岡山での「岡山県女子に告ぐ」その他の演説を聞いた景山《かげやま》英子（福田英子）は感動して、以後政治運動に身を投じ、生涯反権力の立場を貫き、婦選獲得に尽力した。姫路の富井於菟《とら》は俊子の学婢（秘書か？）となった。少し遅れて岡山の清水紫琴《しきん》（古在豊子）は景山英子とともに女権運動に深く関わっていく。彼女たちはみな、小鶴と同様に漢詩文の高い教養を身につけ、明治維新直後の新しい自由の思想に触れた女性たちであった。当時、各地に高い学力を身につけながら、それを発揮すべき手段を持たない女性たちが多くいたことは疑いない。

明治六（一八七三）年に亡くなった小鶴が、自分よりもう少し後にこのような女性たちが現れることを知ったら、何と思っただろうか。彼女たちを受け入れるにせよ拒否するにせよ、鬱々と晴れなかった小鶴の胸の内に、彼女たちに呼応する何かが動いたに違いない。息子の操（文）が小鶴の思い通りに儒者として一家を成し、五人の孫たちがそれぞれに社会で見事な働きを成したとしても、なお小鶴の、私自身がもっと学びたかった、という痛切な叫びは残ったように思われる。わずか三十一丁の小冊子『小鶴女史詩稿』がその声を我々に伝えてくれる。

小鶴女史詩稿

凡例

一　教育漢字、常用漢字のある字については、そちらで表記した。

一　人名、地名等の固有名詞については、常用漢字があっても本字を使用した。

一　松岡小鶴がこだわっている字（龍・韵など）については、そのままとした。

本稿の成立について　（門　玲子）

『小鶴女史詩稿』は三十一丁からなる小冊子で、タテ二四センチ、ヨコ一六・六センチの転写本である。著者は松岡小鶴。表紙には黄蘗色《きわだいろ》、網代《あじろ》編みを押し模様にした用紙を使い、題箋に「小鶴女史詩稿」と書かれている。綴じ糸は白の絹糸、新しい糸で丁寧に補修されていた（本書カバー参照）。冊子前半は詩稿と文稿とからなり、小鶴の息子松岡文《ぶん》（のち松岡操。柳田国男兄弟の父）の手で編纂され、文による序が付されている。詩稿には絶句・律詩・古詩併せて十九首、文稿には諸家にあてた書簡八通が含まれる。成立は安政二（一八五五）年。後半は「南望篇」と題する詩文集で、小鶴自身の手で編まれ、巻頭に長文の自序が付されている。天保十五（一八四四）年の成立。冊子の見返しに別紙貼り紙の書き込みがあるが、筆者は不明。巻末に慶応二年暮秋に書かれた富山藩士岡田信之による跋《ばつ》がある。跋文は旅中あわただしい間の走り書きであるが、小鶴の詩文集の核心をよく捉えて、これを高く評価している。

「南望篇」の自序によれば、この年（天保十五年二月）十三歳になった息子文が近村である播州加古郡安田村の梅谷左門の塾に学僕として入門し、小鶴の手許を離れることになった。初めて母と別れて暮らす息子を気遣い、励ますために、小鶴は度々手紙や詩を送る。その中で彼女は一人暮らしの淋しさを訴え、文の勉学を励まし、或いは怠惰を戒める。それらすべては漢詩文で書かれ、多くの古典を引用し学者文人の逸話を例にして説いている。

約半年後に、文が梅谷塾から姫路にある郷学仁寿山黌《じんじゅさんこう》へ移り、さらに藩校好古堂に入った時点で、ある程度溜まった詩文を、小鶴は一篇にまとめて「南望篇」と題した。後年わが子が母の心情を思い出すよすがとするようにとの思いを冊子に込めたと自序の末尾で述べている。小鶴の手許にあった詩文の下書きをまとめたものか。南望とは倚閭望《いりょぼう》（村の門に寄りかかり子の帰りを待つ故事）により、かつ文の学ぶ安田村が故郷辻川より南にあたるところから名付けたものと思われる。

しかし岩瀬文庫所蔵の『小鶴女史詩稿』は小鶴の自筆ではない。見返しの別紙貼り紙には「コレハ松岡小鶴さんノ詩文の草稿にて／侍るを操君の若き頃うつし取て／おのれに贈りしを是又いたづらに／相成候ては甚すまぬゆへ是も／尊君へ呈上仕候……」とあり、もしお手元にも写しがあるならお返しください、と書かれている。母小鶴の詩文を操《みさお》（文）が筆写して知人に贈呈したものと察せられた。しかしこの貼り紙の筆者は不明で、文中の「尊君」が操（文）を指すのか、或いはその長男鼎《かなえ》を指すのかも不明であり、この一篇の詩文集がなぜ流出して岩瀬文庫に入ったかもわからない。

『小鶴女史詩稿』を贈られた人はこの冊子が無駄になってはいけないので、松岡家側へ返すと書いているが、本当に返されたか、贈られた人の手元に残ったかはわかっていない。その後『小鶴女史詩稿』は見失われた。

慶応二（一八六六）年の晩秋のこと、この小冊子に目を留めて感銘を受けた一人の武士がいた。富山藩士岡田信之である。呉陽と号している所を見ると、富山郊外の呉羽の人かも知れない。但しこの時期の武士たちは忙しく江戸、大坂、京その他へ赴いているから、岡田が何処の土地で『小鶴女史詩稿』を目にしたか全く分からない。岡田は禄高六十石、十九歳から昌平黌で三年学び、長じて再び学んでいる。御馬廻役から横目付、近習頭へと進み、のち藩主の師範を勤めた知識人である。この小冊子を一読した彼は、これを高く評価した。中でも三木通深（竹臺）に宛てた小鶴の長文の書簡に感動し、「議論正確、人の意表に出《い》づ」として百字ほどの跋《ばつ》を書きつけた。しかし『小鶴女史詩稿』が岡田の所有となった痕跡はない。そうしてこの小冊子はまた波に呑まれるように姿を隠した。

その時から四十年ほど後の明治四十（一九〇七）年前後に、東京、名古屋、京都、大阪の書店を通じて、毎月厖大な量の古書類を買い集める人物が現れた。三州幡豆《はず》郡西尾町（現在愛知県西尾市）の肥料商で、株取引も行い、莫大な財を築いた岩瀬弥助（一八六七〜一九三〇）である。岩瀬はその財産を町の人々の文化向上に役立てるため、図書館を設立しようと思い立ったのである。彼は毎月、現在の価値にすると二百万から三百万円程の大金を投じて書籍を買い集めた。古書店の棚に並ぶ本をそっくり買い取ったという言い伝えもあるほどだ。

図書館というものがまだまだ少なかった時代である。岩瀬は東京の大橋図書館、静嘉堂文庫、さらに出来たばかりの上野の帝国図書館も見学し、参考とした。そして地上三階、地下一階の土蔵造りの、堅牢な私設の岩瀬文庫を創設したのが明治四十一（一九〇八）年のこと、柳田国男の『遠野物語』が世に出る二年前である。岩瀬は地元の伊文神社に石灯籠を奉納し、「余嘗て、一小文庫を設立し、之を身にも人にも施し、且つ之を不朽に伝えんと欲す……」と文庫設立の趣意を八十字の銘文に刻んだ。この文庫は長らく書庫としての役目を果たしてきたが、新しい文庫が出来た今は、国登録の有形文化財として大切に保存されている。新しい文庫に収められた書籍は、冒頭で少し書いたように、現在悉皆調査が進行中であり、タイトルだけで二万一千点を越え、冊数は夥《おびただ》しいものになるという。

岩瀬弥助は学者ではないために専門分野にかたよることなく、広範囲の分野の書籍を集めることができた。その岩瀬の古書蒐集の網に掛かり、彼の目に適って買い入れられた書籍の中の一冊に『小鶴女史詩稿』があった。

慶応二年に富山藩士岡田信之の目に触れて以来四十年ほどの間、『小鶴女史詩稿』は何処に潜んでいたのだろう。よくぞ反古にもされず、生き残ってくれたと思わずにはいられない。女性の筆に成るものは、親族の間に秘蔵されて、何時しか失われることが多い時代に、小鶴の強い意志は、その在所からはるかに遠い三河の西尾市岩瀬文庫の書架で、辛くも生き延びた。「優れた個性はどんなに隠れていても必ず顕《あらわ》れる」という誰かの言葉が思い出された。

現在、兵庫県福崎町の柳田国男・松岡家記念館には『小鶴女史詩稿』の異本ともいえる『松岡小鶴女史遺稿』がある。両者を比較して見てみると、後者は息子の操か孫の鼎の手によって、かなり文章が整えられ、三木通深（竹臺）にあてた長文の書簡も字句がかなり削除、訂正されてしまっている。そのためか小鶴その人の切実な声から、やや遠いものになったようだ。柳田国男も『故郷七十年』で見る限り『小鶴女史詩稿』を読んでいないと思われた。

今回、全訳本を出すにあたって、『小鶴女史詩稿』の内、前半にある「詩稿・文稿」と、後半にある「南望篇」の順序を入れかえて、天保十五（一八四四）年に成立した「南望篇」を第一部とし、安政二年に成立した「詩稿・文稿」を第二部として構成した。また詩文の口語訳を前に置き、原詩文と読み下し、語注の順に配置した。その方が、『小鶴女史詩稿』が少しでもわかりやすくなり、小鶴の人柄とその思いに近づきやすくなると考えたからである。

なお、巻末に付す複写の『小鶴女史詩稿』は、西尾市岩瀬文庫所蔵の原典通りである。

一人でも多くの方が、松岡小鶴という優れた女性の思いを身近に感じ取って下さることを願っている。

見返しの別紙貼り紙（筆者不明）

これは松岡小鶴さんの詩文の草稿であるが、操君が若い頃に書き写して、私に贈ってくれたものだが、これがまた埋もれて無駄になってしまってはたいへん申し訳ない故、これも貴君へ差し上げます。但しこの草稿をずっと以前に書き写して、お手元にあるならば、二重になって用がないので、お返しいただきたく思います。

コレハ松岡小鶴《まつおかこつる》さんノ詩文の草稿にて
侍《はべ》るを操君*の若き頃うつし取て
おのれに贈りしを是又いたづらに
相成候《あいなりそうろう》ては甚すまぬゆへ是も
尊君*へ呈上仕候　但し此書いと早く
うつし取て御手元にあらハ二重にて
不用の品ゆへ今御かへし被下《くだされ》
度候なり

＊操君―小鶴の息子文のこと。のち操と改めた。諱《いみな》は博文、字《あざな》は子禮、号は雪香、約斎　＊尊君―不詳

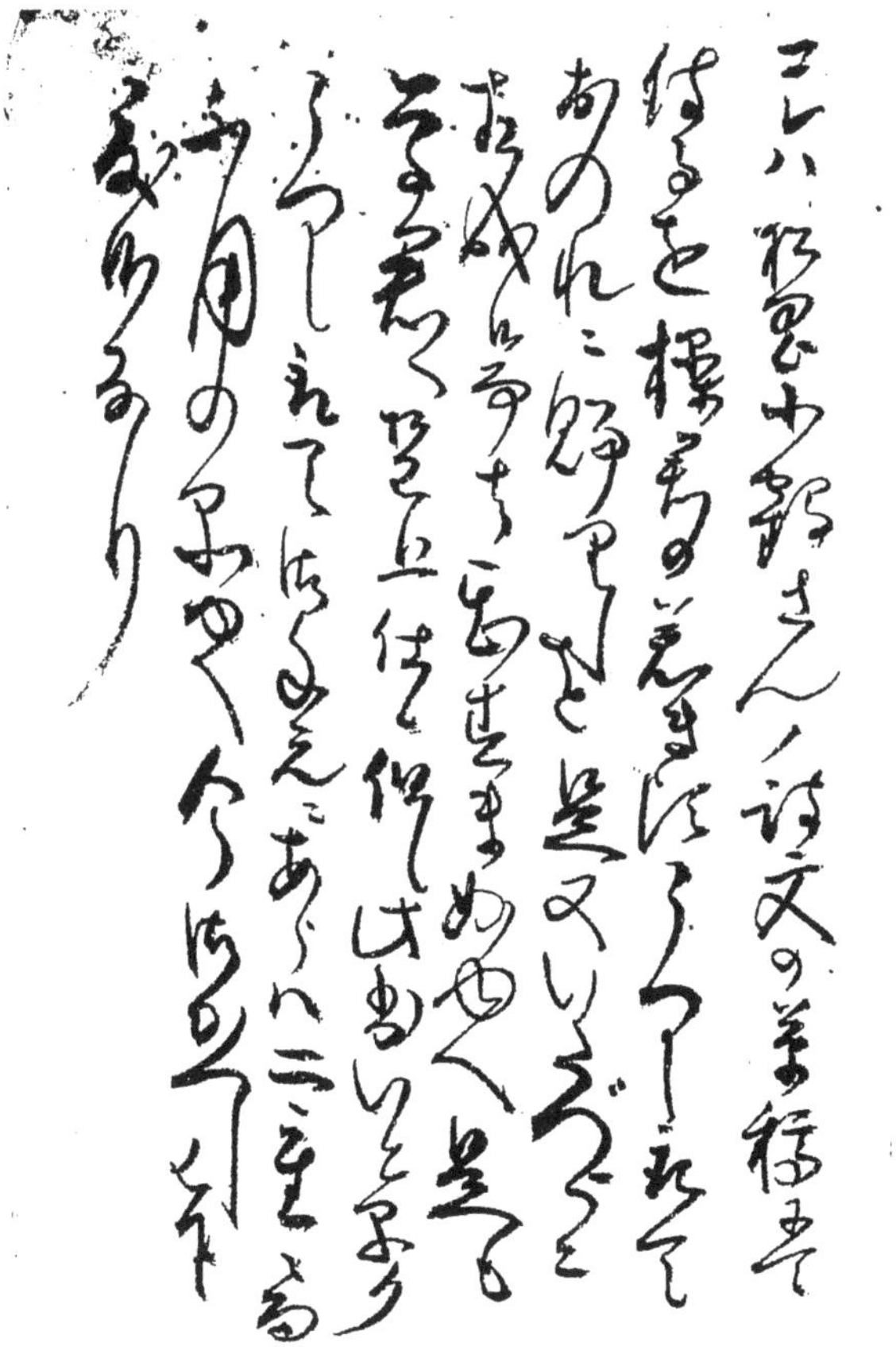

55　見返しの別紙貼り紙

識語（松岡文）

太平の時代が長く続き、人々が文化の恵みを享受することは、上は公卿から、下は士人庶民に至るまで、教育を受けない者はいないほどだ。そして教育を受ければ、すなわちその中から優れた者たちが続々と現れる。各分野で、数えられないほどになった。なんと盛んなことであろうか。ただ独り婦女のみ、生まれつき優しくなよらかで、加えて父母の愛を鍾《あつ》めるために文芸など難しいものは教えられず、刺繍、紡績、裁縫のみを教えられるに過ぎなかった。時折、文芸を好む者があっても、この者は女性の徳を身につけなかった。こんな訳で、文芸の才と女性の徳を求めても、それを兼ね備える者は、寂しいほど名を聞くことは少なかった。私の母松岡氏は幼い頃から賢く敏感であったが、まだ学問を学ばなかった。ただここに亡き祖父誠斎先生がいて、毎日門人に学問を授けていたので、母は傍にいてじっと聞き入っていることが続いた。こうして母は少しずつ学問が身に浸みこみ、そして遂に婦人の道の大よそを理解した。こういうことがあって、母は大層喜び、これを心に刻んで終身忘れなかった。それ以前にすでに母は父と離別するという大変に見舞われたが、その後かたく誓って再婚しなかった。そして出来の悪い子である私を、毎日毎日、十余年も変わらず教育してくれた。ああ、いわゆる才徳兼ね備えた婦人を、私は親しく自分の母に見ることができる。その嬉しさは如何ばかりか。母はその文章の中で言っている。「私は今までに未だ正式に学問をしたことはない。まして文章を学んだこともない。ただまごころを止めがたくて、一時言葉を借りて言うだけである」と。そうして母の議論は正大であって、考えが満ちてくると筆が従い、巧みに書こうとしなくても中々巧みなものがあった。私は何時しか月日が経って、母の文章が埋もれてしまうことを恐れた。その上に母はもう五十歳である。日々、体も老いていくようだ。そこで私は自分の怠惰に責任を感じ、ようやく母の原稿を手に取り、文詩の中から幾つかを抜き書きし、ほぼ間違いを正し、一通を清書して、これを家に伝えるものである。

安政二年（一八五五）乙卯桐花月

男　文　識

昇平之久民浴文化上自公卿下至士庶無不有教已有教之則其俊秀者輩出各境至不可勝数盛也哉独婦女資質柔軟加以父母鍾愛不教文芸其所習不過刺繡紡績之間而已間有好文者亦不脩女徳是以求其才徳全備者寥々無聞余母松岡氏幼而慧敏而未有学独先王父誠齋先生日授生徒者阿母在傍傾聴久而漸漬遂得婦道之大綱於是乎欣然服膺終身不忘既而遭遇事変誓不再醮教育豚児者十余年如一日嗚呼所謂才徳兼備者吾親於其母見之其樂如何哉其於文辞曰余未曾学況文辞乎唯至情有不能已姑借此言之耳而其議論正大意到筆随有不期工而工者余深恐其久而蕪没也加以年已知命日漸老衰乃自責怠惰稍就原稿鈔文詩若干首略加校訂清書一通伝之於家云

安政二年乙卯桐花月　　男　文識

昇平*の久しく、民文化《たみぶんか》に浴すること、上は公卿《くぎょう》より下は士庶《ししょ》に至るまで教《おしえ》*有らざるは無し。已《すで》に教有れば、之れ則ち其《そ》の俊秀なる者輩出《はいしゅつ》す。各境数うるに勝《た》う可からざるに至る、盛んなるかな。独り婦女のみ資質柔軟にして、加うるに父母の鍾愛《しょうあい》*を以て文芸を教えず。其の習う所は刺繡紡績の間に過ぎざるのみ。間《まま》、文を好む者有れども、亦た女徳を修《おさ》めず。是れを以て其の才徳を求むるも、全く備うる者、寥々《りょうりょう》として聞く無し。余の母松岡氏、幼くして慧敏《えいびん》なれども未だ学有らず。独り先王父《おうふ》*誠齋《せいさい》先生、日々生徒に授くれば、阿母《あぼ》傍らに在りて頎聴《きちょう》*すること久し。而《しか》して漸漬《ぜんしん》し、遂に婦道の大綱《たいこう》を得。是《ここ》に於いてや欣然《きんぜん》として服膺《ふくよう》*し終身忘れず。既にして事変に遭遇《そうぐう》し、誓って再醮《さいしょう》*せず。豚児を教育すること、十余年一日の如し。嗚呼、所謂《いわゆる》才徳兼備の者、吾れ親しく其の母に之れを見る。其の楽しみ如何なるや。其れ文辞に於いて曰く、余未だ曾《かつ》て学ばず、況《いわん》や文辞をや、唯だ至情已《や》む能《あた》わざる有り、姑《しばら》く此れを借りて之を言うのみ、と。而して其の議論正大にして、意到らば筆随《したが》い、工《たくみ》を期せずして、工なる者有り。余深く其の久しくして蕪没《ぶぼつ》*するを恐るる也。加うるに以て年已に知命《ちめい》*、日に漸く老衰す。乃《すなわ》ち怠惰を自責し、稍《ようや》く原稿に就《つ》きて、文詩若干首を鈔し、略《ほぼ》校訂を加え、一通を清書し、之れを家に伝うると云々。

安政二年乙卯《いつぼう》桐花月*　　男　文識

***昇平**―太平、平和　***教**―ここでは教育の意　***鍾愛**―愛をあつめる、非常に愛する　***王父**―死んだ祖父の尊称　***頎聴**―しっかりと聴く　***服膺**―心にとめて常に行う　***再醮**―再婚すること　***蕪没**―雑草が茂って覆い隠す　***知命**―五十歳の称、『論語』に五十にして天命を知るとあるによる。小鶴は安政二年、数え年五十歳である　***桐花月**―夏、四〜六月頃

第一部　南望篇

（松岡小鶴著・編　天保十五年成立）

自序

私は生れつきたいそう弱い体質を持っていた。十三歳の時、偶々《たまたま》病気にかかった。それはとうとう全治せず、十六、七歳になって益々重くなった。その症状は四肢ともにだるく、重く、みぞおちの辺りが痞《つか》え苦しい。或時は眩暈《めまい》し、或時はすっかり物忘れし、心中は暗く迷い、考えも滞り、悪くない所はない有様だった。人に会って、寒暖の挨拶をしようにも、なおそれが出来ない。自分でもたいそうこれを心配し、また恥かしく思った。鬱々として閉じこもればこもるほど益々鬱になり、いつも他人に会わない日々は七、八年ほど続いた。灸や薬の効目もなく、服薬を中止して、婚期が過ぎるほどになった。その病で呆然としていた年月は十七年ほどになる。けれども幾つもの症状は無くなったわけではなく、心身ともにまだ多くの苦しい所がある。偶々書物を手にとればぼうっとして厭きてしまい、長く読むに堪えられない。他人に対して何かをしようとすれば、ぼんやりとして、前後の手順も分からなくなる。全く一人前の人とは言えない有様だ。自分でもこれを生涯の痛恨事と思う。

わが父には一男二女があった。兄は早くして亡くなった。そこでわが父母は私を廃人扱いにはしないで、とうとう婿を迎えて私の配偶者とし、跡継ぎとした。その後私は家事を取締り、男子一人を生んだ。その子を文《ぶん》と名付けた。私の妹は他家へ嫁いで一子を生み、その後とうとう早くに亡くなり、その子もまた幼くして亡くなった。

わが父は私の夫と、今まで言い争いをすることはなかったが、その性格はたいそう合わなかった。私もまた夫とは志も習慣も大いに違っていた。私はこれをひそかに恨んでいたが、自ら思うには、婦人は夫に対しては、ひたすら従い、生涯それを違えてはならず、もし自らの気持ちがこれに合わなければ、運命と思う外はないのだと。こうして八年が過ぎた。その間にわが母は亡くなられた。わが父は或る時、とても憤激することがあった。私に一言の説明もなく、自分でわが夫を離縁しようと決心した。その時息子文はやっと七歳であった。夫は自分の責任を感じて、私に父への手紙を託して、これで赦してほしいと丁寧に請うた。私はこの手紙を父に差出して、そして夫の意思を伝えた。しかしわが父は断固としてこれを考慮することはなかった。まさにこの時にこそ、もし私が繰り返し号泣して父に願ったなら、わが父と雖《いえど》もその心根を憐れんで、或いは夫を赦したかもしれない。私がそれをすることが出来なかったのは、実に何か心に含むことがあったためだ。ああ、夫婦の守るべき道は、まさに偕老同穴して、死生をともにすることだ。『詩経』に言うように「たれ髪をみずらに結ったかの人は、これこそ実に私の連れ合い。死に之《いた》るまで矢《ちか》って他はない」と。私のような者はこれに背くというべきである。これは私の一つの大罪である。思いがそれに及ぶ度に、自責の念が深くなかったことは未だ一度もない。

夫に別れてから後、私はわが父に願って言った。「お父さんも年を取られました。また私も再婚する気はありません。すると何時《いつ》か先祖以来の医業をやめることになるでしょう。どうぞ私にささやかな生活を守らせて下さい。そうすれば、将来避けることができない事態（父の死）が起きたとき、不肖の私ですが必ず自分で薬の匙を採って、代々の医業を廃さず、さらにわが子文を教育し、それでご先祖の医業と血筋を継がせましょう」と。わが父はこれを許した。そして自ら老いの身を励まして再び医業を続けた。そしてとうとう世の勤めに疲れて亡くなった。その時、文はやっと九歳になった。

両親の在りし日々を追想すれば、家はもともと貧しく、収入は或る時は不充分だった。私自身はつねに病気がちで、働きは何時も足りなかった。（両親の）看病や供養に方《あた》っては、これを省みるに実に愧《は》ずかしいと思うところがある。その上さらに私の性質は篤実ではなく、父の喪に三年間哭泣《こくきゅう》して哀しむことが出来なかった。これを尊い聖典に照らして見れば、私のような者を何と言ったらよいのか。これもまた私の一つの大罪である。私は思いがここに至るごとに、未だ常に嘆き憤《いきどお》らずにはいられない。

わが父が亡くなった後に、私は常に前に言ったことを実行しないことを恐れた。朝晩忘れず、弱い体を丈夫にし、心と志を大きく広げ、努めて諸医家の書籍や、父が工夫して集めた医療の方法を探り、少しばかり医学の勉強をした。自ら近隣の人々の病気を問診し、そして細々ながらわが家の医業を続けた。旁《かたわ》ら日々たゆまず息子文に教育を施し、読み方、書き方を習わせた。おりおり人にそれとなく告げて「三年がんばればきっと何事かできるだろう」と言っていた。ああ、私はもう二つの大罪を抱えている。親に従うことが出来ず、夫を信ずることが出来なかった。その上でちっぽけな自分の誠実さを誇れるだろうか。孟子は言った。「三年の喪に服することも出来ないで、三ヶ月の喪(緦麻《しま》)や五ヶ月の喪(小功《しょうこう》)を細かく論じたり、大飯を食べ汁を流し込むように無作法な食事をしながら、肉を歯で噛み切るのは失礼だなどと言うのは、先ず為すべき務めを知らないのだ」と。私のような者はどうしてそれを免れることが出来ようか。どうしてそれを免れようか。

今年は甲辰の年(天保十五年)、文はようやく十三歳になった。二月中旬を期として安田村で師について学ぶことになった。私はもう長く淋しい寡婦である。ただ一人わが子文がいる。文は幼いといっても、ともに風雅を話しあえる者のようである。しかし今、遠く離れ、かの地はことは隔たり、便りもしばしば途絶える。ここに於いて、私の想いを訴える所がなくなり、鬱悶が極まった。子を思う気持ちは限りがない。そこで心の内を拙い詩に託し、母の真心を粗雑な手紙に述べ、そして寄せること数回になった。私はもともと敏《さと》い性質ではない。また幼い頃より病気がちで、そして少し癒えるようになってからは、種々の俗世の務めがまつわりつき、まだ一度もきちんと文字を習ったことがない。ただ思いを筆に載せ、以て舌に代えるだけである。文は安田村に半年居た。その間に私が送った手紙や詩が何とか一篇を成すまでになった。文の学業が成就するにはまだ何年かかかる。そこで一篇を綴じて小冊子を作り、題を南望篇と名付けた。今まさにこの篇を書き記すことによって、文が成長した後に、今日の事を思い出させようとするのである。再びこの篇に目を通して、そして母の子に対する深い心を知ってほしいと願う。そこで細かく平常の有様を記して以て序とする。

天保甲辰陽月（天保十五年陰暦十月）

松岡小鶴撰

自序

余稟受薄弱。年十三偶遇疾病。遂不全愈。以至十六七歳。疾益加。其症四肢倦怠。心下痞悶。或冒眩。或健忘。心志昏迷。思慮鬱結。無所不至。対人叙寒暖。猶且不能焉（女史以多病之軀而能解読書属文辞。深也丈夫又幸無疾病而蒙昧謭陋真可愧也矣）(1)大自憂之。且自愧。鬱々潜伏。潜伏愈鬱。常不見人者七八年。灸薬不奏功。中止服薬。及過嫁期。其疾自失者十居七。然諸症未全除。心身猶多所苦。偶対巻帙。昏倦不堪久読。対人臨事之際。或惘然失序。遂不能為全人。自以為終身之痛恨」家君生一男二女。兄殤。父母不以廃人遇我。遂迎新人配余以為嗣。後督家事。生一男。名曰文。阿妹嫁人。生一子。後遂夭。其子亦殤」家君之於我良人。未嘗相口角。而其性大不相合。余亦与良人志風不適〔与良人志風不適蓋以良人与家君大不相合也〕(2) 余雖窃恨之。自以為婦之於良人。一与之斉。終身不可改者。若意之不合則命耳。以従事者八年。中間母氏已没。家君一朝有所憤激。無一言之及余。自決意逐良人。時文甫七歳。良人自責。托書於余以懇請宥之。余奉其書。以陳良人之意志。家君断然遂不顧。方此時也。余若反覆号泣以求之。則家君憐其情志。或能許之。余不能至此者。実由有所挾。嗚呼夫婦者。義当偕老同穴。死生相与。詩曰。髧彼両髦。実維我儀。之死矢靡他。如余者可謂悖矣〔何悖〕(3) 是余之一巨罪也。毎一念至此。未嘗不深自責。〔壮歳而貞心遠慮如是宜矣清操弗壊家声弗墜以至今也〕(4)」別良人之後。余請家君曰。夫子老矣。不肖不見二夫。則箕裘一旦将廃。夫子能使不肖充嬪操。則他年或有不可諱之事。不肖必自執刀圭。不廃世業。且教育児文以継乃祖。家君允之。自扶衰老。再執家業。遂没於世務之労。時文甫九歳。」追想奉双親之日。家素貧。供給或不贍。身常病。勤労毎不至。方其侍疾供養也。内省実有自愧者。〔深之家未全貧而給親或不贍。深之躬固無病而奉親或憚労。嗚呼深誠巨罪人哉。読至此愧汗透衣矣〕(5) 加以余性不篤。三年之喪不能尽哭泣之哀。〔女史之居喪未聞有一失而其自責如此。所以為女史也矣〕(6) 求之聖経。如余者謂之何哉。是亦余之一巨罪也。每一念至此。未嘗不慨歎。〔読至此不任哀痛之至。嗚呼深居父喪五旬而公除。雖邦制期年之服亦不得遂焉。況三年乎。但窃持心喪耳。可勝嘆哉〕(7)」家君没之後。余常恐食前言。夙夜不忘。弱質自強。開張心志。務探諸家之書籍。及家君所手輯之方法。聊求医事。躬問郷人之疾病。以僅存世業。旁日孜々教育児文。授句読習書字。時々風諭人道者三年有奇。〔勤苦可想〕(8)嗚呼余既抱二巨罪。不能順於親。不能信於夫。尚何恃区々之諒哉。孟子曰。不能三年之喪。而緦小功之察。放飯流歠。而問無歯決。是之謂不知務。如余者豈能免哉。豈能免哉。」今茲甲辰。文甫十三。以二月中旬。従師于安田村。余已煢々孤寡。唯有一児文。文雖幼似可共談雅趣者。〔文雖幼可与談雅趣。是誰之力与〕(9)今又相隔離。彼此地僻。魚雁数絶。〔克忍常人之所不能。忍非女史孰能之〕(10)於是乎心志無所訴。鬱悶此鞠。相思無限。乃托幽情於野詩。布丹心於蕪牘。以寄者数回。余固不敏。且早嬰疾。及其少愈也。塵務牽纏。未嘗学文辞。唯以筆代舌耳。文在安田半歳。所寄文詩漸成篇。文之成業。猶有年所。乃作小冊題曰南望篇。将随録之。文成長之後。追想今日。再閲此篇。則庶幾知阿母於子之深情。因悉記平素履歴。以為序云。〔辱交　三木深妄評多罪〕(11)

天保甲辰陽月松岡小鶴撰

※〔 〕内は、三木通深（竹臺）による頭注（書物の上欄に加筆した注釈や評語）

余が稟受《ひんじゅ》＊薄弱。年十三にして偶々《たまたま》疾病に遇《あ》う。遂に全くは愈《い》えず、以て十六七歳に至り、疾益々加わる。其の症四肢倦怠し、心下＊痞悶《ひもん》す。或いは冒眩《ぼうげん》＊し、或いは健忘し、心志昏迷《しんしこんめい》、思慮鬱結《しりょううっけつ》。至らざる所無し。〔頭注1〕人に対して寒暖を叙するすら、猶お且つ能わず。大いに自ら之を憂い、且つ自ら愧《は》ず。鬱々として潜伏し、潜伏すれば愈々鬱《いよいよふさ》ぐ。常に人に見《まみ》えざること七八年。灸薬功を奏せず、服薬を中止し、嫁期を過ぐるに及ぶ。其の疾《や》みて自失すること十居七。然れども諸症未だ全くは除《のぞ》かれず。心身猶お苦しむ所多し。偶々巻帙《かんちつ》＊に対するに、昏倦《こんけん》久しく読むに堪えず。人に対し事に臨むの際、或いは惘然《もうぜん》として序を失い、遂に全人たる能《あた》わず。自ら以て終身の痛恨と為す。

家君《かくん》＊一男二女を生む＊。兄殤《しょう》＊す。父母廃人を以て我を遇せず。遂に新人《しんじん》＊を迎えて余に配し以て嗣《し》と為す。後《の》ち家事を督《とく》し、一男を生む。名づけて文《ぶん》と曰う。阿妹《あまい》人に嫁し、一子を生み、後ち遂に夭《よう》す。其の子も亦た殤す。

家君の我が良人《りょうじん》＊に於ける、未だ嘗て相口角《あいこうかく》せざれども、其の性大いに相合わず。余も亦た良人と志風＊適《かな》わず。〔頭注2〕余窃《ひそ》かに之れを恨むと雖《いえど》も、自ら以為《おもえ》らく、＊婦の良人に於ける、一に之れと斉《ひと》しくし、終身改む可《べ》からざること、若《も》し意の合わずとも、則ち命《めい》＊なるのみ、と。以て従事すること八年。中間に母氏已《すで》に没す。家君一朝憤激する所有り。一言の余に及ぶこと無く、自ら決意して良人を逐《お》う*。時に文、甫《はじ》めて七歳。良人自責し、書を余に托して、以て之れを宥《なだ》めんことを懇請《こんせい》す。余其書を奉じて、以て良人の意志を陳《の》ぶ。家君断然として遂に顧みず。方《まさ》に此時や、余若《も》し反覆して号泣し以て之れを求むれば、則ち家君も其の情志を憐れみ、或いは能《よ》く之を許さん。余此に至る能はざるは、実に挟《おも》う所有るに由る。嗚呼《ああ》、夫婦は、義として当《まさ》に偕老同穴《かいろうどうけつ》*して、死生相与《あいとも》にすべし。詩に曰く。髧《たん》たる彼《か》の両髦《りょうぼう》は、実に維《こ》れ我が儀《つれあい》、死に之《いた》るまで矢《ちか》いて他は靡《な》し*、と。余が如きは悖《もと》ると謂う可し。〔頭注3〕是れ余の一巨罪なり。一念此に至る毎に、未だ嘗《かつ》て深く自責せざることあらず。

良人に別れての後、余家君に請いて曰う。夫子《ふうし》*老いたり。不肖《ふしょう》*二夫に見《まみ》えず。則ち箕裘《ききゅう》*一旦将《まさ》に廃せんとす。夫子能く不肖をして蠙操《いんそう》*に充《あ》てしめよ。則ち他年或は諱《さく》る可からざるの事有らば、不肖必ず自ら刀圭《とうけい》*を執り、世業を廃さず、且つ児文を育て、以て乃祖《だいそ》*を継がしめん。〔頭注4〕家君之れを允《ゆる》す。自ら衰老を扶《たす》けて、再び家業を執る。遂に世務の労に没す。時に文甫めて九歳なり。

双親を奉ずるの日を追想するに、家は素《もと》より貧にして、供給或いは贍《た》りず。身は常に病み、勤労毎《つね》に至らず、其の疾に侍し供養するに方《あ》たりてや。内省するに実に自ら愧ずる者有り。〔頭注5〕加うるに以て余が性篤《とく》ならず。三年の喪に哭泣《こくきゅう》*の哀を尽す能わず。〔頭注6〕之れを聖経に求むれば、余の如きは之れを何と謂《い》わん。是れ亦た余の一巨罪なり。一念此に至る毎に、未だ嘗て慨歎《がいたん》せざることあらず。〔頭注7〕

家君没しての後、余常に前言を食《しょく》*せんことを恐る。夙夜《しゅくや》忘れず、弱質自ら強めて、心志を開張し、務《つと》めて諸家の書籍、及び家君の手に輯《あつ》むる所の方法を探り、聊《いささ》か医事を求む。躬《みずか》ら郷人の疾病を問い、以て僅かに世業を存す。旁ら日に孜々《しし》として児文を育て、句読《くとう》を授け書字を習わしむ。時々人に風喩《ふうゆ》*して道《い》うは、三年にして奇ありと。〔頭注8〕嗚呼、余既に二巨罪を抱く。親に順《したが》う能わず、夫に信なる能わず。尚何ぞ区々《くく》の諒《りょう》を恃《たの》まん哉。孟子曰く。三年の喪を能《よ》くせずして、緦《し》・小功《しょうこう》*を之れ察し、放飯流歠《りゅうせつ》*して、而して歯決*する無きを問う。是れ之れを務めを知らず*と謂う。余の如きは、豈《あ》に能く免《まぬが》れんや。豈に能く免れんや。

今茲《ここ》に甲辰《こうしん》、文甫めて十三。二月中旬を以て、師に安田村*に従う。余已に煢々《けいけい》として孤《こ》寡《か》*なり。唯一児文あるのみ。文幼なりと雖も、共に雅趣《がしゅ》を談ず可き者に似たり。〔頭注9〕今又た相隔離し、彼此《ひし》地僻にして、魚雁*数々絶ゆ。是に於いて心志訴うる所無く、鬱悶此に鞠《きわま》る。〔頭注10〕相思限りなし。乃ち幽情を野詩に託し、丹心《たんしん》を蕪牘《ぶとく》に布《の》べ、以て寄すること数回なり。余固《もと》より敏ならず、且つ早嬰《そうえい》より疾《や》み、其の少しく愈《い》ゆるに及びてや、塵務牽纏《じんむけんてん》し、未だ嘗て文辞を学ばず。唯だ筆を以て舌に代うるのみ。文安田に在ること半歳、寄する所の文詩漸く篇を成す。文の成業、猶お年所《ばかり》有り、乃ち小冊を作り、題して南望篇*と曰う。将《まさ》に之れを録するに随って、文成長の後、今日を追想せしめんとす。再び此の篇を閲して、則ち阿母《あぼ》の子に於ける深情を知らん事を庶幾《こいねが》う。因って悉《ことごと》く平素の履歴を記し、以て序と為すと云う。〔頭注11〕

天保甲辰陽月　松岡小鶴撰

***稟受**—天性、生れつきの性質　***心下**—漢方でいうみぞおちの部分　***冒眩**—めまいすること　***巻帙**—書籍の巻と帙。転じて書籍、またその巻数を指す　***家君**—一家の長。他人に対して自分の父をいう称　***一男二女を生む**—小鶴を隣村川辺の医家中川家から迎えた養女とする説があるが、小鶴自身はこのように述べている　***殤す**—わか死、二十歳まえに死ぬこと　***新人**—婦人が夫をさしていう意がある。小鶴は二六歳の時、隣村川辺の中川至を婿として迎えた　***良人**—夫、妻から夫を呼ぶ称　***志風**—志すところ、趣味、日常の習慣などすべてを含む　***婦**—夫のある女性、結婚した女性　***命**—運命、天の定め　***自ら良人を逐う**—当時は子女の婚姻は家長の権限の内であった　***偕老洞穴**—共に生き、死後は同じ穴に葬られる。夫婦の契りの固いこと　***髧たる…他は靡し**—『詩経』鄘風「柏舟」による　***夫子**—男子の尊称。目上の男子を呼ぶ　***不肖**—自分の謙称　***箕裘**—父祖の業を見習って受け継ぐこと　***螾操**—螾は蚓、蚓操はみみずの生き方。土を喰い水を飲み、ひたすら己の小節を守る喩。ささやか

ながら自分の領分（家・家業）を守ること　**＊刀圭**―薬を盛る匙。医術　**＊乃祖**―なんじの祖先　**＊哭泣**―泣き叫ぶ。人の死を悲しんで声をあげて泣く礼　**＊前言を食す**―前に言った言葉をいつわる　**＊風喩**―遠まわしに諭す、それとなく告げる　**＊緦・小功**―緦は三ヶ月間の服喪の際に着る服装、細い麻糸で織る。小功は五ヶ月間の喪に服する時の服装　**＊放飯流歠**―大口で飯を食べ、汁をすすり込む。無作法な食事の仕方　**＊歯決**―（肉を）歯で噛み切る　**＊三年の喪を…務めを知らず**―『孟子』「尽心」上による　**＊安田村の師**―加古郡安田村の梅谷左門（恒徳）。本業は医師であるが、詩文を好み、門人に医学、儒学を教えた　**＊煢々として孤寡**―一人ぼっちで頼る所のないやもめ、みなしご　**＊魚雁**―手紙、たよりをいう。雁帛―匈奴に捕らわれた蘇武が雁の脚に手紙をつけて通知した故事による。魚素―鯉の腹中から白絹に書かれた手紙が出たという故事による　**＊南望篇**―村の門によりかかり、子供の帰りを待つ故事（倚閭南望）によって名づけた。なお安田村は辻川から南にあたる

頭注（読み下しと訳）

〔1〕女史、多病の軀を以て能く書を解読し　文辞に属す。深（筆者三木通深）や丈夫また幸いに疾病無くして蒙昧譾陋《せんろう》。真に愧《は》ずべきなり＝女史は多病の身であるのに、能く書を読み理解し、詩文を作る。深は男子でありまた幸いに病もないのに、物の道理に暗く、愚かしい。真に愧じねばならぬことだ

〔2〕良人と志風適さず。蓋《けだ》し良人家君と大いに相合わざるを以て也＝夫君と志や習慣がうまく

合わなかったのは、きっとお父上と夫君がたいへん気が合わなかったからであろう

〔3〕何ぞ悖《もと》らんや＝どうして背くことがあろうか。決して背いていない

〔4〕壮歳にして貞心遠慮是の如し。宜《むべ》なる也。清操壊れず家声墜《お》ちず、以て今に至る也＝若い盛りの歳でありながら、貞節の心、深い慮りはこの通りである。もっともなことである。清操は壊れず、家名は落ちず、そして今に至っている

〔5〕深の家　未だ全く貧ならずして親に給するに或いは贍《た》りず。深の躬固《みもと》より病無くして親を奉ずるに或いは労を憚《はばか》る。嗚呼、深誠に巨罪の人なり。読みて此に至り、愧汗《きかん》衣に透るなり＝深の家はまだ全く貧ではないが親に給するのにある時は十分ではない。深の身はもとより病気はないのに、親に尽くすのに労力を惜しんでいる。ああ、深は誠に大罪人だ。読んで此処にきて、冷汗が着物に透る思いだ

〔6〕女史の喪に居ることを未だ聞かざるは一失有り、而て其の自責すること此の如きは女史たる所以なり＝女史が喪に服していると未だ聞いたことがないのは、確かに女史の失点だった。そして自ら責めることがこの様であるのはいかにも女史らしい所である

〔7〕読みて此に至りて、哀痛の至りに任《た》えず。嗚呼、深父の喪に居ること五旬にして公除す。邦制は年の服を期すと雖も亦た遂ぐるを得ず。況や三年をや。但し窃《ひそ》かに心喪を持するのみ。嘆くに勝《た》う可けんや＝読んで此処に至って、同情の痛みに耐えられぬ思いだ。ああ、私は父の喪に服すること僅か五十日で表向きは喪明けをした。わが邦の制度では一年の喪を決めているが、それも出来なかった。まして三年の喪に服するなどは出来ない。ただ、ひそかに心中で喪

に服しつづけただけである。嘆かずにいられれようか

〔8〕勤苦想うべし＝その勤勉、辛苦を想いみるべきである

〔9〕文　幼なりと雖も、ともに雅趣を談ずべし。是れ誰の力《つと》むるか＝文は幼くはあっても共に文雅を話し合える者である。これは誰の力によるものか

〔10〕常人の忍ぶ能わざる所を克《よ》く忍ぶは、女史に非ずんば孰《いず》れか之れを能くせん＝普通人が忍ぶことが出来ない所をよく我慢できるのは、女史でなければ誰がこれを出来ようか

〔11〕辱交　三木深　妄評多罪＝親しくお付合いして頂いている三木深が妄評を加えお詫びします

題詞

離別してからの多くの年月、涙はいつも襟を濡らしていた
母の一封の書信でも千金の値がある
門に依りかかり、望めば春風は入りて遠く
指を咬むような深い恨みは、秋水の深さと同じ
母は体が弱いのに、能く代々の医業を維持した
数々の佳詩はまさに百言の戒めに換えねばならぬ
大空のように広く渥《あつ》い恩には、報いる方法もない
一首一首の詩は（感動のあまり）口ずさむのが難しいほどだ

男　文謹識

題詞

離別多年涙満襟
一封書信抵千金
倚門望入春風遠
咬指恨同秋水深
弱質能持三世業
佳詩当換百言箴
昊天恩渥無由報
首々何堪仔細唫

男　文謹識

題詞

離別多年　涙襟に満つ
一封の書信　千金に抵《あた》る
門に倚りて望めば　春風は入りて遠く
指を咬む恨みは　秋水と同《とも》に深し
弱質　能く三世の業を持し
佳詩　当《まさ》に百言の箴《しん》に換うべし
昊天《こうてん》の恩渥《あつ》く　報ゆるに由なし
首々何ぞ堪えん　仔細に唫《ぎん》ずるに

男　文謹識

南望篇

①わが子文、初めて安田村に遊学した。そこでこの手紙を送った。

互いに別れてからは、その姿、様子がいつも念頭にあって離れない。今はまさに春真っ盛りになろうとしている。毎日の生活は落ち着いていますか。私は恙《つつが》なく暮らしています。他人様に心配かけてはいけないよ。今、よくよく思い起せばお前を生んでより、遊学に出発する日まで、慈しみ育て、いつもお前を顧みてきた。これを忘れる時があろうか。常に床を並べて休み、膳を並べて食事してきた。今まで一度もお前と離れたことはなかった。でもお前はもう南の安田村に行ってしまった。今はただ、隣りの老人の畑作の話を聞いたり、塾の子供たちが喜び遊ぶのを見ているだけ。鶯が鳴くのをお前と一緒に聞くこともなく、春の花々が生きいきと咲くのを誰に向かって褒めようか。ともすればすぐにぼうっとして、まるでお前が傍に在るように感ずるのは、お前が私を思っている情のせいなのか、どうだろうか。

そうは言っても、お前もまた一人の男子である。今、うかうかと目の前のつまらないことにかかずらっていてはなりません。もしお前が謹んで師の教えを守り学べば、医術の技に熟達し、外見と中身と、二つを成就することが出来るだろう。玉を抱いて趙に帰った藺相如《りんしょうじょ》のように、これを郷里に輝かしたなら、お前にとってどんなによかろう。私はお前がそうなってくれたら、即ちわが父に約束したことを果たすことになる。そして私の務めは完成します。もしそうなったならば、直ちに死んでもどうして恨もうか。死んでもどうして恨もうか。

私がお前に願うことは、他の女性の襟を涙で濡らすような事を学んではなりません。お前は懸命に勉強しなさい。孝子は愚かなことに気を取られず、危いことに近寄らず。ただ病にかからぬように、自愛しなさい。万事ご諒察のほど。

不贅

児文初遊安田村乃寄此書

相別之後風姿毎在念。維時春色将闌。寝膳清安否。鄙体無恙。勿煩他慮。茲者熟思之。我自生你於膝下。至你出遊之日。撫育顧復。何時忘之。常共褥而臥。連席而食。未嘗一日与你相離。你之既南也。唯対隣叟之農談。見塾童之嬉戯。黄鳥喈々不与你弄。紅花灼灼復向誰賞。動輒恍惚如你在坐側者。不審你思我之情果如何。雖然你亦男子也。焉碌々於目下之為哉。若夫你謹奉夫子之教。得刀圭伎熟。文質相成。懐璧帰趙。耀之郷里。則於你如何。我若使你然。則是足果我所以約先君者。我任畢矣。若夫然。則死何憾哉。死何憾哉。我与汝庶幾不学他児女之沾襟也。你其勉焉哉。孝子不服闇。不登危。惟慎疾自愛。万諒察。不贅

　児文、初めて安田村に遊ぶ。乃《すなわ》ち此の書を寄す

相別の後ち風姿《ふうし》毎《つね》に念に在り。維《こ》の時春色将《まさ》に闌《たけなわ》ならんとす。寝膳は清安なりや否や。鄙体《ひたい》*は恙《つつが》なし。他慮を煩わす勿《なか》れ。茲《ここ》に之れを熟思すれば、我れ你《なんじ》を膝下に生みしより、你出遊の日に至るまで、撫育し顧復《こふく》す。何れの時か之れを忘れん。常に褥《しとね》を共にして臥し、席を連ねて食す。未だ嘗て一日も你と相離れず。你の既に南する也。唯だ隣叟《りんそう》*の農談と対して、塾童*の嬉戯《きぎ》するを見るのみ。黄鳥の喈々《かいかい》*たる你とともに弄《め》でず。紅花の灼灼《しゃくしゃく》*たる復た誰に向かいて賞せん。動《やや》もすれば輒《すなわ》ち恍惚として你が坐側に在るが如きは、你の我れを思うの情なるかを審《つまび》らかにせず、果して如何。然りと雖も你も亦た男子也。焉《なん》ぞ目下の為せるに碌々たらん。若《も》し夫《そ》れ你謹んで夫子《ふうし》の教えを奉ずれば、刀圭《とうけい》*の伎熟し、文質*相成るを得ん。璧《へき》を懐《いだ》きて趙《ちょう》に帰り*、之れを郷里に耀かさば、則ち你に於いて如何。我れ若し你をして然らしむれば、則ち是れ我が先君に約する所以《ゆえん》を果すに足り、我が任畢《おわ》らん。若し夫れ然らば、則ち死すとも何ぞ憾《うら》みん

哉。死すとも何ぞ憾みん哉。

我れ你に庶幾《こいねが》うは他の児女の襟を沾《うるお》すを学ばざれ。你其れ焉《ここ》に勉めよ。孝子闇に服さず、危うきに登らず。惟《た》だ疾を慎み自愛せよ。万諒察せよ。不贅

＊鄙体―自分の体についての謙称　＊隣叟―隣りの老人　＊塾童―塾の生徒たち、文が遊学する前後から塾を開いていたと思われる　＊喈々―鳥の和らぎ鳴く声　＊灼々―花が盛んに咲くさま　＊刀圭―薬をもる匙、医術を指す　＊文質―外見と内容　＊璧を懐きて趙に帰り―趙の藺相如が璧玉を持って秦に使いし、使命を果して無事に璧玉を趙に持ち帰った故事を指す

②わが子文に返事する

わが子文からの返書がようやく届いた。まるで珠玉を手にしたようだ。早速開いてみるとその文章は元気よく清清《すがすが》しく、私は今日初めて儒学生の母となれたような気がする。この喜び慰めを何に比べようか。ただ心配なのは、この手紙は先生に直して頂いた所が大部分を占めているのではないかしら。そうだとしても、それが何の傷になろうか。お前はもう既にこの言葉を以て手紙を私にくれたのだから。お前がどうして私を欺いたりしようか。どうか必ず前に言った言葉を懸命に実行してくれるように。冀《こいねが》わくは、どうか勉強して、自重しておくれ。不尽

復児文

回音来届。如獲珠玉。就見其文翼々爽々。我今日恰如得為儒生之母者。歓慰何比。唯恐其文出於夫子之是正者居多。雖然是何傷乎。你已贈我以此言。你豈欺我哉。請必力践前言。冀強学自重。不尽

児文に復す。

回音*来り届く。珠玉を獲《え》るが如し。就《つ》きて見るに其の文翼々爽々《よくよくそうそう》として、我れ今日恰《あたか》も儒生の母と為るを得たるが如し。歓慰何に比せん。唯だ恐る其の文夫子《ふうし》の是正に出づる者居多《きょた》*ならんことを。然りと雖も是れ何ぞ傷《いた》まん。你已《すで》に我に贈るに此の言を以てす。你豈《あ》に我れを欺《あざむ》かん哉。請うらくは必ず力《つと》めて前言を践《ふ》まんことを。冀《こいねが》わくは強《つと》めて学びて自重せんことを。不尽。

***回音**——手紙の返事　***居多**——大部分を占める

③児に寄せる

わが子に寄せる思い、慕う気持ちは庭一杯に広がる
その上残念なのは、お前と別れて以来、風雅な趣がめったに無くなったこと
時にあでやかな花々や風に翻《ひるがえ》る竹の葉が、地に散ることもあるが
今までに風雅を解する客が柴の扉を叩いて、訪ねて来ることもない
ただお前の便りが来るのだけを待っているのは、愚かしい母心だと知っている
ふつつかな私ながらも、孟母の断機の教えに倣《なら》おうと決心している
お前に苦しい勉学を強いるのは、深い愛情のゆえだ
どうして一時の情に流されて、帰っておいでなどと言えようか、言わずにおこう

寄児
尋思追慕満庭闈
更恨別来幽趣稀
時有嬌花飄竹落

児に寄す
尋思追慕《じんしついぼ》　満庭に闈《ひら》く
更に恨む　別来幽趣の稀《まれ》なるを
時に嬌花《きょうか》飄竹《ひょうちく》の落つる有り

曾無雅客款柴扉
痴情唯識望回雁
鄙念謾期学断機
使爾辛勤由愛篤
何甘姑息説催帰

曾て雅客の柴扉《さいひ》を款《たた》く無し
痴情　唯だ識《し》る回雁*を望むを
鄙念《ひねん》　謾《みだ》りに断機*を学ぶを期す
爾《なんじ》をして辛勤せしむるは　愛の篤《あつ》きに由る
何ぞ姑息《こそく》*に甘んじて催帰を説かん

***回雁**―北へ帰る雁、ここでは手紙の返事を意味する　***断機**―断機之戒、学問を途中で止めることへの戒め。遊学していた孟子が途中で帰郷した時、孟子の母が織りかけの布の縦糸を断ち切って、学問を中断するのはこれと同じだと戒めた故事による（『列女伝』による）　***姑息**―一時しのぎ

④袷衣《こうい》を縫い上げて、子に送る。それに一絶を添える

糸を紡ぎ、機を織り、着物を縫い上げて遠くに送ろうとする
細々とした針目で縫いながら、想いははるばると遠い子の上にある
さまざまの想いを、誰に頼んで送ったものか
それらの想いは、横糸縦糸、千万のか細い糸に託されているのです

製袷衣寄児係以一絶

紡績裁衣欲遠投
縫来密々思悠々
多端心緒憑誰寄
托与緯経千万縷

袷衣《こうい》を製し児に寄す、係《か》くるに一絶を以てす

紡績裁衣し　遠く投ぜんと欲す
縫い来ること密々　思いは悠々たり
多端の心緒《しんちょ》*　誰に憑《よ》りて寄せん
経緯《けいい》に託す　千万の縷《る》

＊心緒――こころもち、心のあり方

⑤児に寄せる

春の花々がすべて散り尽くして、塵や埃にまみれてしまった
新緑の鮮やかな木蔭を一人散歩しつつ、誰と親しく語りあおうか
畦の上を群れ飛ぶ蝶たちは、何処へ行こうとしているのだろう
ひらひら追いかけあって、牛を叱りつけている農夫の周りを繞《めぐ》っている

寄児

百花落尽委埃塵
孤歩緑陰誰共親
畦上蝶群何所索
翩々逐繞叱牛人

児に寄す

百花落ち尽くして埃塵《あいじん》に委《ゆだ》ぬ
孤り歩む緑陰　誰と共に親しまん
畦上《けいじょう》の蝶群　何れの索《もと》むる所ぞ
翩々《へんぺん》逐い繞《めぐ》る　牛を叱るの人

⑥児を警《いまし》める

後退すれば豚の類となり、前進すれば龍の働きをなす
前者は塵泥にまみれ、後者は力を振るって飛翔する
一たび困難な雲の中を凌《しの》いで行けば
忽ち、貧しい家の門前に光があふれるのです

警児

退為猪属進龍機
彼委塵泥此奮飛
一旦能凌雲路去
寒門忽地有光輝

児を警む

退かば猪属《ちょぞく》*と為り　進まば龍機《りゅうき》
彼は塵泥《じんでい》に委ね　此は奮飛《ふんぴ》す
一旦能く雲路を凌《しの》ぎて去らば
寒門　忽地《こっち》*に光輝有り

＊猪属――猪の類、豚　**＊忽地**――たちまち、にわかに

⑦児に寄せる手紙

そもそも膠《にかわ》と漆《うるし》のようにごく親しい間柄の者が、西の空の参星（オリオン星）と東方の商星（ルシファー星）のように離れて会えなくなるのは、他人の事でもなお耐えがたい。ましてや親子の間ではいっそう辛いことだ。お前を想う気持ちは綿々と途切れず、念頭にない時はない。ああ、どこかで忘れ草を手に入れて、これを北の座敷の背戸に樹《う》えたいものだ。しかも私ひとりで娯しんだり出来ようか。ただひたすらお前の学業がすでに成就し、衰えた家門を興《おこ》し、祖先

の名を顕《あらわ》すのを見たいと願っている。常にこれを希望するばかりだ。ところがここに或ることを聞いた。よって少しばかりお前を警《いまし》めようと思う。

近頃、門人の内海君が所用のため帰郷した。そして私を訪ねて立ち寄ってくれた。にっこり笑って言うには「我が家の下僕伊三郎が、ある時梅谷家を訪れて治療を請うた。そしてご子息子禮（文の字）に会うと、顔中が墨で汚れていた。他日、また別の下僕を往かせると、帰ってからまた言うには、仰せの通りに梅谷家の塾に行くと、偶然子供が顔中に点々と墨を付けているのを見ました。これこそご子息子禮でした」と。私はこれを聞いて言った。「おや、まあ。この子はいたずらなので、きっと先生の傍で教えを受ける時、失敗が多いだろうとわかります」と。お前はどうして郷里に佳い名誉な噂を伝えてくれないで、異郷で笑いものになることをするのだね。そうしたことは慎みなさい。なおお前はよく聞きなさい。田舎の諺に言うには、かえるが初めはおたまじゃくしを生んだ。見るとそれは水中で泳いでいる。うねうねと泳いで自分の前を過ぎていく。かえるは喜んで言った。「吾子は龍である。これは私のような類のものではない」と。それが成長してみると、尾が半分に分れて脚となり、かえる以外のものではなかった。

私はお前が龍となるのを望んでいる。お前は果しておたまじゃくしか、また龍となることを期している者か。ただ、このことについてのみ、お前の返事を聞かせてほしい。他の友人の手を借りてはいけませんよ。丁度これ幸いに、私の言葉が厳しすぎると思わないように。私はただお前が玉のような人に成るのを望むだけです。これからまさに暑さが盛んになろうとしている。どうか万々自愛しておくれ。　不尽

寄児書

夫膠漆為参商者。在他人亦猶難忍。況於其子乎。相思綿々無刻不在念。嗚呼焉得諼草。言樹之背。且我何以自娯。唯願見你学業已成。興衰門。顕祖宗。常企望之而已。然茲有所聞。聊以警你。頃日門人内海生。有事帰郷。尋再遊。莞爾告曰。我家僕伊三郎。嘗詣梅谷君之門。請治。会令嗣子禮墨涴満面。他日又使一奴往。及帰亦曰。奉命至梅谷君之塾。偶見孺子之満面点墨。是乃子禮也。我聞之曰。咄。此子無頼。定知其侍夫子之日亦多失儀度矣。你如何不伝佳誉于郷里。乃取嘲笑于異郡之為。你其慎之哉。且你審聞之。鄙諺曰。蝦蟆初生科斗也。見其涵泳於水中。蜿蜒過己。自喜曰。吾子龍也。是非我属。及其既長也。尾中分為脚。乃蝦蟆已　我欲你為龍。你果科斗与。将期為龍者与。唯於此言。請自復之。勿仮手於諸君。幸勿以我言為過刻。我唯欲玉女於成耳。惟時暑威将盛。冀万万自愛。不尽

児に寄する書

夫《そ》れ膠漆《こうしつ》*の参商《しんしょう》*と為《な》るは、他人に在りても亦た猶《な》お忍び難し。況《いわん》や其の子に於いてをや。相思綿々刻《とき》として念に在らざる無し。嗚呼　焉《いず》くにか萱草《けんそう》*を得て、言《われ》は之れを背《はい》に樹《う》えん*。且つ我れ何を以てか自ら娯《たのし》まん。唯だ願わくは你《なんじ》の学業已に成り、衰門を興《おこ》し、祖宗を顕《あら》わすを見ん。常に之れを企望するのみ。然るに茲《ここ》に聞く所有り。聊《いささ》か以て你を警《いま》しむ。

頃日《けいじつ》門人内海生、事有りて帰郷し、尋《つ》いで再遊す。莞爾《かんじ》として告げて曰く。我が家僕《かぼく》伊三郎、嘗て梅谷君の門に詣《いた》り、治を請う。令嗣《れいし》子禮*に会うに墨満面を涴《けが》す。他日又た一奴をして往かしむるに、帰るに及びて亦た曰く、命を奉じて梅谷君の塾に至るに、偶々孺子《じゅし》の満面に墨を点ずるを見る、是れ乃ち子禮也、と。我れ之を聞きて曰く。咄《とつ》*。此の子無頼《ぶらい》*なれば、定めて其の夫子に侍するの日亦た失儀の度多からんと知れり、と。你如何なれば郷里に佳譽《かよ》を伝えず、乃《すなわ》ち嘲笑を異郡に取るを之れ為さん。你其れ之れを慎め。且つ你審《つまび》らかに之を聞け。鄙譬《ひげん》に曰く。蝦蟆《がま》*初め科斗《かと》*を生む也。其の水中に涵泳《かんえい》し、蜿蜒《えんえん》と己を過ぐるを見て、自ら喜びて曰く。吾子は龍也、是れ我が属《やから》に非ずと。其の既に長ずるや、尾中分して脚となり、乃ち蝦蟆なるのみ。

我れ你の龍と為るを欲す。你果して科斗か、将《は》た龍と為らんと期するものか。唯だ此の言に於いて自ら之れに復するを請う。手を諸君に假《か》りる勿れ。幸いに我言を以て、過刻と為す勿れ。我れ唯だ成すに於いて玉女たらんと欲するのみ。惟《こ》の時暑威将《まさ》に盛んならんとす。冀《こいねが》わくは万万自愛せよ。　不尽

＊**膠漆**―にかわと漆。両者はよくなじむことから、親しい交わり、友情をさす　＊**参商**―参星は西方に商星は東方にあり、一緒に現れることがないので、人が顔を合わせることがない譬え　＊**萱草**―わすれ草、かんぞう。ユリ科の多年生草本。これを食すると憂いを忘れるという　＊**焉くにか…背に樹えん**―『詩経』衛風「伯兮」による　＊**子禮**―小鶴の息子、文の字　＊**咄**―叱る、舌打ちの声　＊**無頼**―無法者、やくざ、ならず者　＊**蝦蟆**―ひきがえる、またはかえる。ここはかえるの子はかえるの諺が背景にあるのでかえるとする　＊**科斗**―おたまじゃくし

⑧児に寄せる

お前がまだわが家に居た頃、私はよく気持ちを高ぶらせて言ったものです「お前が本当に志を持って遊学するならば、どうして千里の別れを拒むことがあろう」としかしお前との別れはまことに辛いものであった　私は胸がつぶれそうな思いをさせられてい

る
憂《う》い思いは何か過ちをしたかのようだ　まるで一羽の鳥が羽を千切られたみたいだ
羽をもし借りることができるならば、お前の後を追って、何とか宿駅を超えたいものです
嘆きつつ遠くを望み、体内も病んでいる　独り身の体と影が寂しさを慰めあっている
医事はわが家代々の家業である　そこで医書を開いて、無理にでも声に出して読んでみる
何と優れた昔の賢人たちの言葉だろう　手を打って読み下していると、少しばかり心が落ち着いた
こんな心の在りようを誰に向かって書いたらよいか　独り窓辺に座り、親しい者を見ることが出来ない
厳しい淋しさの中で、独り身を守っている　独り身にして病がちの私は、どうして長くお前と離れていることに堪えられようか
お前を手放したのはどんな気持ちからかと言うと、ただ私はお前が学業を大成させるのを期待しているのみです
学業を成しとげ、祖先を継いで世間に立てば、私は泉下の祖先に対して恥《は》ずることはないのです
私に三牲の養を待っているのではありません　連城の美を祖先に供えるよう願っています

寄児

汝嘗在庭闈　慷慨我常説
児能抱志遊　何辞千里別
別離一何難　使我挫肺肝
憂思如有失　譬隻鳥断翰
羽翰若可借　逐汝時超駅
帳望五内煩　形影歎寂莫
医事家素業　開籍強嘯吟
卓爾先哲語　抃読聊降心
心事依誰写　独坐南窓下
所親不可瞻　煢々守孤寡
孤寡且病生　豈堪久離情
放汝如何意　唯期令大成
成業継祖起　泉下我無恥

児に寄す

汝嘗て庭闈《ていい》*に在り　慷慨《こうがい》して我れ常に説く
児能く志を抱きて遊ばば、何ぞ千里の別れを辞せんと
別離一《いっ》に何ぞ難き　我れをして肺肝を摧《くだ》かしむ
憂思失有るが如し　譬《たと》えば隻鳥《せきちょう》の翰《かん》を断たるるがごとし
羽翰《うかん》若《も》し借る可くんば、汝を逐いて時に駅*を超えん
悵望《ちょうぼう》し五内《ごだい》*煩う　形影《けいえい》*寂寞《せきばく》を歎く
医事は家の素業なり　籍《せき》を開いて強《し》いて嘯吟《しょうぎん》す
卓爾《たくじ》*たり先哲の語　抃読《べんどく》*して聊か心を降す
心事誰に依りてか写さん　独り坐す南窓の下
所親《しょしん》瞻《み》る可からず　煢々《けいけい》*として孤寡《こか》を守る
孤寡にして且つ病生ず　豈に久離の情に堪えんや
汝を放つは如何なる意ぞ　唯だ期す大成せしめんと
業を成し祖を継ぎて起たば、泉下我れ恥《は》ずる無し

非待三牲養　請供連城美　三牲の養を待つに非ず　請《こ》うらくは連城の美を供せよ

*庭闈―庭の内、家の内。闈は宮中の小門　*駅―宿駅・馬つぎ場　*五内―五蔵、五つの内臓　*形影―形と影、常に離れないものの例。独り身でよる辺ないこと　*卓爾―高くぬきん出るさま　*抃読―手を打って読む　*煢々―一人ぼっち、たよりないさま　*三牲の養―まつりに供える三種のいけにえ、牛・羊・豕《い》。或いは鶏・魚・豚　*連城の美―連城の璧とは趙の恵文王の持っていた宝玉。秦の昭王が十五の城と交換しようとした。その宝玉のように美しいものという意味

⑨わが子文はもう安田村の師の許を去り、更に仁寿山に学んでいる。久しく手紙が来ないので、がっかりして、この詩を寄せることにする

麑河《げいが》［安田は加古川を隔てててとても近い］の古い思い出はどの辺りであったか
白鷺城南［姫路城は白鷺山に在る。仁寿山は白水大夫の領地である］の辺りのおまえのもとへ、夢の中で戻ってゆく
あんなに何度も手紙をくれると約束したのに、忘れ果ててしまったのかどうか
それでもお前は、山に登って父母の方を望んだというあの孝行な兵士のように、親を思う一封

の手紙さえ出すのを慳《お》しむのだね

児文已辞安田更遊仁寿山
久不見来書悵然有此寄
麑河　安田距加古川甚近　旧思在何辺
白鷺城南　姫路城在白鷺山仁寿山係白水大夫采地　作夢還
苦約来書忘了否
猶慳陟岵一封篇

児文已に安田を辞し、更に仁寿山*に遊ぶ、
久しく来書を見ず、悵然として此れを寄する有り
麑河《げいが》*　安田加古川を距てて甚だ近し　旧思何れの辺に在りや
白鷺城南　姫路城は白鷺山に在り　仁寿山は白水大夫*の采地《ぼうりょう》に係る　夢に還るを作《な》す
苦《ねんごろ》に来書を約せしに忘了せるや否や
猶お慳《おし》む岵《こ》に陟《のぼ》る*一封の篇

＊仁寿山—仁寿山黌は昌平黌を範とした姫路の郷学で、開放的な校風であった。学費は藩費、私費折半であり、のち藩校好古堂に吸収された。好古堂は藩主酒井家が前封地前橋に造った藩校の伝統を引き継いでいる。学生は初等は素読生、輪読生に分かれ、優秀な者は専業生として重視された　**＊麑河**—加古川　**＊白水大夫**—姫路藩家老河合道臣（一七六七〜一八四二）。号は白水　**＊岵に陟る**—孝子が遠方に行き、山に登って故郷の父母を想う情を詠った詩（『詩経』魏風「陟岵《ちょくこ》」による）

⑩児を警める

六尺にもなる長い言いわけの手紙が十分に語っている
このように若造のお前に対して、誰が云々しようか
年月は矢のように早いのだから、ただひたすら努めなさい
お喋りの人の舌の根を動かさせないように（噂の種にならないように）しなさいよ

警児
六尺解文猶足言
弱冠如此又誰論
年華似箭唯当力
莫使陳生動舌根

児を警む
六尺の解文*猶お言うに足る
弱冠《じゃっかん》*此の如し、又た誰か論ぜん
年華箭《や》に似る、唯だ当《まさ》に力《つと》むべし
陳生をして舌根を動かさしむる莫《なか》れ

＊解文―弁解、言いわけの手紙　**＊弱冠**―男子の二十歳、その年冠をつける儀式を行ったから言う（『礼記』「曲礼」による）。文はまだ二十歳には達していないので、ここでは若者の意か

⑪同題

千の訓《さと》し万の戒めをよく心肝に注ごうとするが
ただ観るに堪えないほどの拙い言葉をどうしたものだろう
ただ願うことは、この胸一杯の思いを
鞭に変えて、ぐずぐず立ち止まっていることを警めたい

千訓万戒注心肝
独奈拙辞無足観
唯願満胸何限意
化為鞭策警盤桓

千訓万戒　心肝に注ぎ
独り拙辞観るに足る無きを奈《いか》ん
唯だ願う満胸何限の意
化して鞭策《べんさく》と為して盤桓《ばんかん》*を警む

＊盤桓―ぐずぐずして進まないさま、立ち去りにくいさま（陶潜「帰去来辞」による）

⑫橘に寄せる

充分に熟するには、林一面に霜が降りるまでかかるが
今朝もまだ一羽も雁が飛んでこなかった（手紙が来なかったことを意に含む）
言ってはいけないよ。酸っぱくて口にすることができないなんて
この橘には、母の真心の香が添えてあるのだから

寄橘
熟肥将待満林霜
不及今朝一雁翔
莫道生酸不可口
添来阿母赤心香

橘《たちばな》に寄す
熟肥将《まさ》に満林の霜を待たんとし
今朝一雁の翔ぶに及ばず
道《い》う莫れ酸を生じ口にす可からずと
添え来る阿母赤心の香

⑬同題

試みに黄金色の皮を割けば、琥珀色の中身がうずたかい
もう早や、口中から湧く唾液が唇に迸ってくるのがわかるでしょう
寒い夜の勉学の窓辺で、睡気を払いたければ
親孝行の陸郎の為に幾つかをあげなさい

試劈黄金琥珀堆
預知美酒迸唇来
欲除寒夜書窓睡
却為陸郎投数枚

試みに黄金を劈《さ》けば　琥珀《こはく》　堆《つ》む
預《あらかじ》め知る美酒唇を迸《ほとばし》りて来るを
寒夜の書窓に睡を除せんと欲せば
却って陸郎《りくろう》*の為に数枚を投ぜよ

＊陸郎――後漢の陸績。袁術の下で食事に供された橘の実を、母に食べさせようと隠して持ち帰る所を見つかった故事で、孝子の逸話として伝えられる

⑭児に与える手紙

先頃、十日ばかり帰省しましたね。その時はちょうど中元前後でした。家事にあれこれとり紛れ、ゆっくり話す暇もなかったね。十日ばかりといっても、私にはたった半日のようでした。お前はどうだったかね。ああ、私の何と病の多いこと。その上さらにお前と離れて暮らしている。つくづく考えてみると、たちまち、心残りなことばかり。その上私はいらぬ無駄口ばかり利いて、お前をうるさがらせるが、お前はそれを軽視してはいけないよ。私は時には眠っている間にも病が胸に迫り、たちまち口が利けなくなり、眼が開けられず、体も動かず、ようやく息が通うだけになる。このような状態は数刻経つと蘇る。驚いて自分に言う、私が今もし死んだなら、則ちわが父に託された願いはどうなるだろう、と。今、お前は少し成長した。私は独り暮らしで、極貧ではあるが、しかしなお二つの幸いをもっている。たとい私が今日死んでも、こい願うことは、お前がよく先祖の業を継いでくれることだ。私もまた地下において、少しばかり言うことがある。

わが父は医業に一心に集中し、常に仲景の著した『傷寒論』を熟読し、吉益東洞（あるいは東洞の子南涯）の立てた説をあれこれ吟味し、さらに後々の諸医家の説を参考にした。これらから自得するものがあったことがわかる。私はたいそう愚かしくて浅はかで、これ以上父のようにはなれない。吉益家の医書はわが家にある。その上の段に父の評語が書き込んである。お前が成長したら、どうかこれらを一読して下さい。たしかにわが父の性質は謙譲で、自分を飾らない人だった。たいそう読書を好み、寝食を忘れるほどだった。さっぱりと拘りがなく、世情に疎かった。食事もお酒もしばしばこと欠く有様だった。その上、晩年不幸なことに跡継ぎがなかった。ただ私とお前がいるだけだった。

従兄の藤兵衛は昔、わが祖父に恩を感じていたため、常にわが父を助けてくれた。父はいまわの際に臨んで、藤兵衛に我ら二人の事を頼んだ。従兄は昔の誼《よしみ》を忘れず、すぐわが父に向って言うには「伯父さん、どうか心配なさらないで下さい。私は決してこの二人を凍えさせたり、飢えさせたりしません」と。わが父は大いに喜んで亡くなった。従兄はその言葉を決して違えず、常にわれら二人の上に心遣いしてくれた。そしてお前が遊学に出る日まで、時々その資産をもって、我が家の経費を補ってくれた。私をまるで妹のように見て、お前を孫のように見てくれた。これは一つの幸いではないだろうか。

角田先生はもとから知っている人ではないが、以前にお前の為に字を教え、詩文を是正して下さることをお願いした。先生はお前を一目見るなり、まるで古くからの知人のように、ずっと目をかけ続けて下さり、とうとう本藩の校に入学するよう奨めて下さった。官費を給付されることができて、これ以後は朝夕先生の傍らに従い、親しく教えと誨《さと》しを受け、その上辱《かたじけな》くも、子の如くに視て頂いている。これは一大幸福ではないだろうか。お前が成功するかしないかは、つまり、学問が成るか成らぬかである。学問の成否は一にお前自身の勤勉か怠惰かにかかわる。もしよく勤めて怠らなければ、きっと先生が見捨てないで下さるだろう。お前がもし勉めなければ、二つの幸いは直ちに消え失せるだろう。お前はそのことを深く考えなさい。そうは言っても、これをただ利害の観点からだけ言うのは、私の本心ではない。黄雀や白亀でさえも、なお恩恵には報いることを知っている。ましてや人に於いては当然のこと。古人は言っている。女は自分を見るのを悦ぶ者のために化粧をし、士は己を知る者のために死ぬのだ、と。まことにその通りだ。しかし死を以て節を通すとか、大事変はもともと何時もあることではない。言うまでもなく人が偶然にうっとりとして、不義に陥いるのは、男女の大欲である。この道は人の自然から出るもので、鳥獣やおけらや蟻のような小さいものさえ、この道を知らぬ者はない。剛毅篤実な性質の人ほど、どうかするとこの道に陥りやすい。その極端な場合は、つまり醜悪褻慢、口にも言えないほどのことがある。ああ、不仁不義の甚だしいこと、嘆いても嘆ききれない。先に自分は死んでも節を屈しないと言っても、今、一時の欲望の快さのためにこれを為す者がいる。慎まずにいていいものだろうか。私は偶々感ずる所があって、お前の為にすべて残らず話そうと思っている。お前はまだ幼いとは言っても、まだ萌《きざ》さない内に於いて、男女の欲を慎むようにしてほしい。

私はふだん学問をしたこともないし、文字の区別もつかない。ものごとを覚えてもいない。だから言おうとすれば、口に木片を咥《くわ》えているようで、うまく言えない。そして言っても、気持ちを十分に伝えることができない。もしこの文章が、言葉をなしていないなら、直ちにこれを是正してくれれば、幸いである。この頃ようやく新涼を感ずるようになった。病気せぬように、千万自愛しておくれ。　不悉《ふしつ》

与児書

頃来帰省浹旬。時当中元前後。家幹紛々不遑閑話。浹旬於我猶如半日。児其如何。嗚呼我之多病也。加以与你離居。熟惟一旦溘然。不能無遺憾。将又陳冗言以煩你。你其勿恝視焉。我時或夢寐中病逼心胸。忽然口不能言。目不能開。身不能動。気息僅通。如此者数刻而蘇。愕然自謂我今而死。則如先考之遺托何。今你稍長。我雖独立極貧。猶有二幸焉。仮令我今日而死。庶幾汝能継先業。我亦地下聊有言矣。先考潜心本業。常熟読仲景之遺論。玩味吉家之立説。旁及後世諸家。此知有所自得者矣。我下愚謭陋。不能尽其為人。吉家之書蔵家。其上層有先考之評語。你成長之後請一閲之。蓋先考之為性。謙譲不鎊。甚嗜読書。至忘寝食。恬澹踈於世路。箪瓢屢空。且末年不幸無嗣。惟有我与你。表兄藤兵衛以昔日徳我祖父。常助先考。先考臨終託以二人。表兄不忘旧誼。乃謂先考曰。

舅請勿慮。我不敢凍餒此二人。先考大喜以没。表兄不食其言。心常在我二人。以至你出遊之日。往々貸我以資其費。視我猶妹。視你猶孫。此非一幸乎。角田夫子雅不相識。嚮請為你教字。且是正詩文。夫子一見如旧識。寵顧不已。遂奨入　本藩之校。得給　官費。於是旦夕趨陪。親奉教誨。又辱視猶子。此非一大幸乎。你之達与不達。則在学之成否。学之成否。則在一身之勤隋。若能勤而不怠。則夫子夫舎諸。你若不勉。則二幸頓失。你其深思哉。雖然此唯以利害言。非我素心也。夫黄雀白亀猶知報徳。況於人乎。古人有言。女為悦已者容。士為知已者死。信哉。而以死趨節之類。事之変固不常有也。人固有偶然恍惚之間而陥不義者。男女之大欲是也。是道也出於自然。鳥獣螻蟻之微猶無不知。人性剛毅篤実者。動陥於此。至其極則醜悪蟄慢。有不可言者。嗚呼不仁不義之甚可勝嘆哉。嚮為身死而不屈節。今為快一時之欲而為之。可不慎乎。我会有所感。為你不遺余蘊。你雖猶幼。我欲其慎於未萌。我平生未嘗有所学。不弁文字。不諳事実。如欲言者箝在口。而言不尽情。若夫文不成語。則幸正之。時新涼稍催。慎疾。千万自玉。不悉。

児に与うる書

頃来《けいらい》*帰省すること浹旬《しょうじゅん》*。時《とき》中元前後に当たりて、家幹《かかん》*紛々《ふんぷん》として閑話の遑《いとま》あらず。浹旬我れに於いて猶お半日の如し。児其れ如何。嗚呼、我れの多病なるや、加うるに以て你と離居す。熟《つくづ》く惟《おも》うに一旦溘然《こうぜん》*、遺憾無きこと能わず。将《は》た又た冗言を陳《の》べて以て你を煩わす。你其れ恝視《かいし》*する勿《なか》れ。我れ時に或は夢寐《むび》の中に病心胸に逼《せま》る。忽然として口言う能わず。目開く能わず。身動く能わず。気息《きそく》僅かに通ず。此の如きは数刻にして蘇る。愕然として自ら謂《お》もえらく我れ今にして死なば、則ち先考《せんこう》*の遺託《いたく》を如何せん。今你稍《や》や長ず。我れ独立して極貧なりと雖も、猶お二幸有り。假令《たとい》我れ今日にして死すとも、庶幾《こいねがわく》は汝能く先業を継がんことを。我れも亦た地下にて聊《いささ》か言う有り。

先考本業に潜心し、常に仲景《ちゅうけい》*の遺論を熟読し、吉家《きつけ》*の立説を玩味し、旁ら後世の諸家に及ぶ。此れ自ら得る所の者有るを知る。我れ下愚譾陋《せんろう》にして其の人となりを尽す能わず。吉家の書家《いえ》に蔵す。其の上層に先考の評語有り。你成長の後ち之を一閲せんことを請う。蓋し先考の性為《た》るは、謙譲にして餝《かざ》らず。甚だ読書を嗜《たしな》み、寝食を忘るるに至る。恬澹《てんたん》として世路に疎《うと》し。簞瓢《たんぴょう》*屢々空なり。且つ末年不幸にして嗣《し》無し。惟《た》だ我れと你と有るのみ。

表兄《ひょうけい》*藤兵衛昔日我が祖父を徳とするを以て、常に先考を助く。先考終に臨み託するに二人を以てす。表兄舊誼《きゅうぎ》を忘れず、乃ち先考に謂いて曰く、舅《ちち》請うらくは慮《おもんばか》ること勿《なか》れ、我れ敢えて此の二人を凍餒《とうだい》*せしめずと。先考大いに喜び以て没す。表兄其の言を食《いつわ》らず。心常に我が二人に在り。以て你が出遊の日に至るまで、往々我れに貸すに其の費を資《たす》くるを以てす。我れを視ること猶お妹の如く、汝を視ること猶お孫のごとし。此れ一幸に非ずや。

角田夫子＊雅《もと》から相識らず。嚮《さき》に你の為に字を教え、且つ詩文を是正することを請う。夫子一見して舊識《きゅうしき》の如く、寵顧《ちょうこ》して已《や》まず、遂に 本藩の校に入ることを奨《すす》む。官費を給せらるを得て、是《こ》こに於いて旦夕趨陪《たんせきすうばい》す＊。親しく教誨を奉じ、又た視ること猶お子の如きを辱《かたじけな》くす。此れ一大幸に非ずや。你の達すると達せざるとは、則ち学の成否に在り。学の成否は、則ち一身の勤隋《きんだ》に在り。若し能く勤めて怠らざれば、則ち夫子夫《そ》れ諸《これ》を舎《す》てんや。你若し勉めざれば、則ち二幸頓《とみ》に失せん。你其れを深く思へ。然りと雖も此れ唯だ利害を以て言うは、我が素心＊に非ざる也。夫《そ》れ黄雀白亀も猶お徳を報ずるを知る。況や人においてをや。古人言う有り、女は己《おのれ》を悦《よろこ》ぶ者の為に容《かたち》づくり、士は己を知る者の為に死すと。信なる哉。しかるに死を以て節に趨《はし》るの類、事の変固《もと》より常には有らざる也。

人固より偶然恍惚《こうこつ》の間に有りて不義に陥るは、男女の大欲是れ也。是の道や自然より出る。鳥獣螻蟻《ろうぎ》の微すら猶お知らざる無し。人の性の剛毅篤実《ごうきとくじつ》なる者は、動《やや》もすれば此に陥る。其の極に至れば、則ち醜悪褻慢《せつまん》、言う可からざる者有り。嗚呼、不仁不義の甚だしき嘆くに勝《た》う可けんや。嚮《さき》に身の死すとも節を屈せずと為すも、今一時の欲を快と為して之れを為す。慎まざる可けんや。我れ会《たまた》ま感ずる所有り。你の為に余蘊《ようん》を遺さず。你猶お幼なりと雖も、我れ其の未萌《みほう》に於いて慎まんことを欲す。我れ平生未だ嘗て学ぶ所有らず、文字を弁《べん》ぜず、事実を諳《そら》んぜず。言わんと欲すれば*箝《かん》口に在るが如し。而して言えば情を尽さず。若し夫れ文語を成さざれば、則ち幸いに之を正せ。時に新涼稍《や》や催《もよお》す。疾を慎み、千万自玉せよ。不悉。

＊**頃来**―この頃、近頃　＊**浹旬**―十日間　＊**家幹**―家事、家内のはたらき　＊**溘然**―たちまち、にわかに　＊**恝視**―心配ないさま、軽視すること　＊**先考**―死んだ父、亡父、亡妣　＊**仲景**―後漢の張機・字は仲景。その著『傷寒論』は急性の熱病の治療法を記し、古来漢方医の聖典とされてきた　＊**吉家**―吉益東洞（一七〇二～一七七三、名は為則、字は公言）。あるいはその子吉益南涯をさす。江戸中・後期の医家　＊**箪瓢**―箪はわりご、飯を入れる器。瓢は酒を入れる。「箪瓢屢空」は陶潜「五柳先生伝」による　＊**表兄**―従兄。藤兵衛は柳田の『故郷七十年』の中に、松岡家の遠縁の人として福渡藤兵衛という名が出てくる。この人かも知れない　＊**凍餒**―凍えたり飢えたりすること　＊**角田夫子**―角田義方（号は櫧園・通称は心蔵）。姫路藩の儒者。藩校好古堂の漢学教授。小鶴はまだ息子文が手許に居た頃、人を介して角田に息子の詩の批評を頼んだことがある。角田はその才能に感じて、以後何かと文（のち操）の面倒を見てくれることになった　＊**旦夕趨陪**―朝夕走ってお供をする　＊**素心**―かざりけのない心、平素の心　＊**箝**―首かせ、声を出させぬよう、くわえさせる木片

⑮想いを書して児に寄せる

どうすることも出来ない、しつこい病が私の心身を悩ますのを
長年の志が遂げられず、むなしく心にわだかまり、胸がつぶれそう
日日の仕事をするにも、困りはて沈み込んで、起居するのも物憂く
髻を梳《くしけず》ると、髪の抜けるのは異常なほどだ
それでもなお、弱々しい柳が風を受けて立つように、自分がしっかり立とうと決め
また、咲き残った花が雨で傷むのを恐れている
けれども、運命は決まっているので、徒《いたずら》に長く生きようとは思わない
幼い雛が成長して、幸運にも高く飛翔するのを見たいと思う

書懐寄児　　書懐　児に寄す
無那頑疾悩神蔵　　那《いか》んともする無し　頑疾《がんしつ》　神蔵を悩ますを
宿志徒存独断腸　　宿志　徒《いたずら》に存して独り断腸す

執業困沈慵起坐
梳鬟乱落異平常
猶期弱柳当風立
又恐残花経雨傷
命義赫然生豈貪
要看雛羽幸高翔

業を執るに困沈《こんちん》して　起坐するに慵《ものう》く
鬟《かん》*を梳《くしけず》るに　乱れ落ちること　平常に異なる
猶お期す　弱柳風に当たりて立つを
又た恐る　残花雨を経て傷むを
命義赫然たり　生豈に貪《むさぼ》らんや
雛羽《すうう》　幸いに高く翔ぶを看るを要す

＊**鬟**―かん、わげ、束ねて輪にした髪

⑯又

どうか嗤《わら》わないでおくれ、田舎言葉がわけの分からぬ蛮人の言葉のようだと
一言一句、私は本心をごまかしたことはないのだから
私の亡きあとに、在りし日の様子を知りたいと思えば
蛇の死骸のような筆跡に、私の生涯の思いは託されているのです

又

莫嗤鄙語属侏離
句々言々我豈欺
亡後欲看存日事
死蛇毫跡託生涯

又*

嗤《わら》う莫れ鄙語《ひご》*侏離《しゅり》*に属するを
句々言々我れ豈に欺かんや
亡後に存日の事を看んと欲せば
死蛇毫跡《ごうせき》に生涯を託す

＊又――⑮と同題の意　**＊鄙語**――いなか言葉　**＊侏離**――意味不明な蕃人のおしゃべり

⑰児に寄せる手紙

前月の十日間ほどは、手紙が折り返し来たので、私の喜び慰めは限りなかった。その後、また手紙が来るのが疎らになった。恙なく起居しているかどうですか。前の手紙でお前にすべて残さず話した、と言った。しかし心情はつづれ糸のように続いて、まるで蜘蛛の糸のようです。だからまた、一言書き送ります。よく聴いて下さい。

お前は今、文学界に出入りして、詩文の世界をそぞろ歩いているようだ。だから、いまこそ、お前を警めようと思う。私の生れつきは愚かで鈍く、そしてまだ正式に学問をしたことはない。だからどうしてよく文章を論じたり出来ようか。ただ私がひそかに思うには、筆で文章を書く際には、努めて現実世界に根拠をおいて、虚飾に関らないようにするのが、先ず心がけることではないか。所謂《いわゆる》、虚飾というのは、玉樹金樽の類を言うのではありません。或る人が、本心は役人となって出世したいのに、口先では自分は世を避けて隠れ住みたいと言う。或いは志は下卑ているのに、言葉だけは立派に先輩と肩を並べる。およそ華があって、実の無いのを、これを虚飾というのです。

私は至って愚か者ですが、常にこれらをたいそう嫌っています。たといその人の文章が、文章家として名高いかの前漢の楊雄《ようゆう》や司馬《しば》相如《しょうじょ》と並び称されるとしても、その言葉が本当ではなく、また述べる内容も、書き手の分に相応しくなければ、つまり一旦は気持ちが高ぶったまま、志を詞文に表現しても、読む人はどうしてこれを信ずるだろうか。秀才として名高い晋の潘岳《はんがく》に「閑居の賦」という作がある。よく父母に孝をつくす人のようであるが、その日頃の行いから見てこれを考えれば、恐らく信ずべきではないと思われる。

お前に願うことは、平常の手紙といえども、必ず実際のことを書くように努めなさい。私がよくよくお前の生れつきを考えるに、お前が本当に篤実であるかどうか、まだよくは分からない。私の性質もまたたいそう不篤である。自ら反省し続けてはいるが、どうしようもない。私はお前とともに篤実という点で努力することを、願っている。孔子は曰っている、汝は君子の儒者となり、小人の儒者となってはいけない、と。お前は繰り返しこのことを覚えて、忘れないようにしておくれ。堅い氷が張る季節になろうとしている。自分をしっかり保って下さい。不一

寄児書

前月一旬間須鴻如織。喜慰無量。爾後又踈闊。興居無恙否。前書既曰。不遺余蘊。而情緒縷々恰如蛛絲。又贈一言。請諦聴。你今吐納文苑。逍遙詞林。因将有所警。余性駑鈍。且未学。何能論文章哉。唯私謂下筆之際。務据実際。無涉虚飾。非亦先務乎。所謂虚飾者。非謂玉樹金樽之類也。或情在官途。自称隠逸。或志在卑下。言比先輩。凡華而無実者。此之謂虚飾已。余雖至愚。常甚悪之。仮令其文与子雲相如並驚。言非其実。所述非其分。則一旦慷慨。託其志於詞章。人豈信之乎。潘岳有閑居賦。似順孝之人。考之於其行実。恐不可信矣。汝請雖尋常書牘。必務実際。我熟思你性。未知其必篤否。余性亦甚不篤。雖自責不已。無如之何已。我与你庶幾勉於篤哉。子曰。汝為君子儒。勿為小人儒。你其服膺。堅氷将至。自保愛。不一

児に寄する書

前月の一句の間鴻《こう》*を須《ま》つこと織るが如し。喜慰無量なり。爾《しか》る後又た疎闊《そかつ》。興居恙《つつが》なきや否や。前書既に曰く。余蘊《ようん》を遺さずと。而るに情緒縷々として恰《あたか》も蛛絲《しゅし》の如し。又た一言を贈り、諦聴*を請う。

你今文苑《ぶんえん》に吐納し、詞林に逍遥《しょうよう》す。因って将に警むる所有らんとす。余が性駑鈍《どどん》にして、且つ未だ学ばず。何ぞ能く文章を論ぜんや。唯だ私《ひそ》かに謂《おも》う。筆を下すの際、務めて実際に据《す》え、虚飾《きょしょく》に渉《わた》る無き、亦た先務にあらずや。所謂《いわゆる》虚飾は玉樹金樽の類を謂うに非ざる也。或いは情《こころ》は官途*に在りて、自ら隠逸《いんいつ》*と称す。或いは志卑下《ひげ》に在りて、言《げん》先輩に比す。凡そ華にして実無きは、此れを之れ虚飾と謂うのみ。

余至愚なりと雖も、常に甚だ之れを悪《にく》む。仮令《たとい》其の文子雲相如《しうんしょうじょ》*と並び驁《は》すとも、言其の実に非ず、述ぶる所其の分に非ざれば、則ち一旦慷慨《こうがい》し、其の志を詞章《ししょう》に託すとも、人豈に之れを信ぜんや。潘岳《はんがく》*に閑居《かんきょ》の賦《ふ》有り。順孝*の人に似たれども、之れを其の行実《こうじつ》に於いて考うれば、恐らく信ず可からず。

汝請うらくは尋常の書牘《しょとく》と雖も、必ず実際を務めよ。我れ熟《つらつ》ら你の性を思うに、未だ其の必ずしも篤なるや否やを知らず。余が性も亦た甚だ不篤なり。自ら責めて已《や》まずと雖も、之れを如何ともする無きのみ。我れ你と篤に於いて勉むるを庶幾《こいねが》わんかな。子曰く。汝君子の儒と為り、小人の儒と為る勿れ。你其れ服膺《ふくよう》せよ。堅氷将に至らんとす。自らを保愛せよ。不一。

＊鴻―おおとり、雁の最大種。ここでは便りの意　**＊諦聴**―はっきりと聞く　**＊官途**―官吏の地位、役人街道　**＊隠逸**―世を避けて隠れる、あるいはその人　**＊子雲相如**―子雲は楊雄のこと。前漢の学者、字は子雲。四川省成都の人、文章家として名高い。相如は司馬相如。前漢の文人、字は長卿。四川省成都の人。賦にすぐれ、武帝に愛された　**＊潘岳**―晋の文人、字は安仁。秀才かつ美男で有名。文詞を能くした。晋書に潘岳が賈謐にへつらったという故事が伝えられる　**＊順孝**―祖父母・父母によく孝をつくす

⑱児に寄せる

温かい恵みの波が、海上に久しく留まっている
夕暮れには史書を読み、朝には経を誦し、幾篇もの書を読んでいることでしょう
もし詩経の蓼莪《りくが》の詩の極まりなく深い意味を諒解したならば
勇んで飛躍し、力を尽くして、雲の浮かぶ青い高みにまで到達するように

寄児

恩波海上久留連
暮史朝経渉幾篇
若諒蓼莪罔極意
雄飛力到碧雲辺

児に寄す

恩波海上に久しく留連《るれん》す
暮史朝経　幾篇をか渉《わた》る
若し蓼莪《りくが》*の罔極《もうきょく》*の意を諒《あきらか》にせば
雄飛し力《つと》めて到らん碧雲の辺

***蓼莪**―孝子が賦役に行って、親を養うことが出来なかったため、親の没後に孝養を尽くせなかったことを悲しんだ詩（『詩経』小雅「蓼莪」による）　***罔極**―物事の尽きないこと、窮極のないこと

*以下二詩は、『小鶴女史詩稿』の「南望篇」には入っていないが、小鶴の五十年祭に孫鼎によって出版された『松岡小鶴女史遺稿』の「南望篇」に収録されているものである。（編者）

⑲弘化四年の秋、わが児文はようやく十六歳。師の教えを守って、殿様の御前で書を講じた。二首の詩を寄せてきたので、次韻《じいん》してまた贈った

母のおろかな心を尽くしたのは、本当に真心からなのですよ
万語千言をついやして、十六のお前は力をつくしたことだろう
遥か遠くより、山よりも高い師の恩を拝します
在野のお前を、儒臣として扱って下さるのをこんなに早く見ようとは

丁未之秋児文年　甫十六奉教講
書於　君前
寄以二詩次韵　却寄

丁未の秋*、児文、年甫めて十六、
教を奉じて、書を*　君前*に講ず、
二詩を以て寄す、次韻して却って寄す

痴情用尽孰非真
万語千言十六春
遙拝師恩高于嶽
早看草莽擬儒臣

痴情用い尽す　孰《いず》れか真に非ざらん
万語千言　十六の春
遥かに拝す　師恩　嶽よりも高きを
早くも看る　草莽《そうもう》*　儒臣に擬せらるるを

＊丁未の秋─弘化四年（一八四七）の秋　**＊書**─書経、あるいは四書五経などの古典　**＊君前**─君は姫路藩主六代酒井忠宝《ただとみ》をさす　**＊草莽**─草むら、民間、在野

⑳同題

独りぼっちの私は淋しいけれど、唯だ自ら寛いでいます
長年　お前が儒者の冠を著けるのを期待してきました
亡き祖父の禱りがあって、親しく見ていることでしょう
多くの子供たちとひとしなみに見られることをしてはなりませんよ

孤影蕭蕭唯自寛

孤影蕭蕭として　唯だ　自ら寛たり

多年期汝著儒冠
亡翁幽禱存親望
莫作群兒一様看

多年期す　汝が儒冠を著くるを
亡翁の幽禱　存して親しく望む
作《な》す莫《なか》れ　群兒　一様に看らるるを

第二部　詩稿・文稿

（松岡小鶴著・松岡文編　安政二年成立）

詩稿

①舟旅で　ほととぎすを聞く

あおあおとした川は、広い大空を映して流れ
耿耿と輝く月光の下、旅人の魂は小舟に眠っている
月が落ち、ほととぎすの啼く声が枕辺に響き
その鋭い一声が旅人の夢を驚かせ、旅愁をかきたてる

舟行聞子規

滄江渺渺碧空流
耿耿旅魂眠小舟
月落子規啼枕上
一声驚夢使人愁

舟行　子規《しき》を聞く

滄江渺渺《そうこうびょうびょう》　碧空流る
耿耿《こうこう》*として　旅魂　小舟に眠る
月落ち　子規　枕上に啼く
一声　夢を驚かせ　人をして愁えしむ

*耿耿―月光輝くさま

②中秋　月を望む

千里の涯《はて》までも雲一つなく、夜空は晴れ渡り
中庭にひえびえと露が下り、緑色の苔が清らかに見える
今宵のきらびやかな宴席で明月を遠くに眺め
月を讃える弦歌は、無限の情を歌い上げている

中秋望月

千里無雲夜色晴
中庭露冷緑苔清
今宵綺席望明月
咏賞紘歌何限情

中秋　望月

千里雲無く　夜色　晴る
中庭　露冷え　緑苔《りよくたい》　清なり
今宵の綺席《きせき》*　明月を望み
咏賞す紘歌*　何限《かげん》の情

＊綺席――きらびやかな宴席　＊絃歌――三味線や琴の調べと歌

③若者の歌

始めて将軍の狩猟に従った若者
その姿は、なみいる兵たちを抜きんでる勇ましさ
弓弦を鳴らして白虎を射抜かんものと
鞭を振るって、美しい黒馬に跨《また》がっている
その心中の意気壮《さか》んなことを、誰も知りはしないが
ひそかに自分の筋骨の殊に逞《たくま》しいのを誇りとしている
馬上の戦いで功名を上げんと期し
かつて一身を擲《なげう》つことを惜しんだことはない

少年行

始従将軍猟
勇姿抽百夫
鳴弓貫白虎
揮策跨驪駒
誰識心胸壮
自矜筋骨殊
功名期騎戦
曾不惜斯軀

少年行*

始めて将軍の猟《りょう》に従い
勇姿　百夫に抽《ぬき》んず
弓を鳴らして　白虎を貫き
策を揮《ふる》いて　驪駒《りく》*に跨《またが》る
誰か識《し》らん　心胸の壮なるを
自ら矜《ほこ》る　筋骨の殊《こと》なるを
功名　騎戦に期し
曾て斯《こ》の軀《からだ》を惜しまず

***少年行**―若者の歌。行は楽府題の一つ。楽府《がふ》とは漢詩の一体。楽曲　***驪駒**―黒い馬

④玉川古歌に擬す

玉川の流れのほとりに、競うように山吹の花が咲き

流れに映えて、あおみどりの淵は金色に浪うっている
此処を去れば、わが馬に何処で水を飲ませようか
咲いたばかりの山吹の花びらから滴る露が、清い流れを作っていることだろう

擬玉川古歌

酴醾競発玉川頭
影落碧潭金浪浮
茲去吾駒何処飲
新葩滴露作清流

玉川古歌*に擬す

酴醾《どび》* 競《きそ》いて発《ひら》く 玉川の頭《ほと》り
影落ち 碧潭《へきたん》 金浪*浮ぶ
茲《ここ》を去らば 吾が駒《こま》 何処《いずこ》に飲《みずか》わん
新葩《しんぱ》* 露を滴《したた》らせて 清流を作《な》す

＊**玉川古歌**――古来玉川を詠んだ和歌は多い。ここは『新古今』春下の「駒とめてなほ水かはむ山吹の花の露そふ井手の玉川　俊成」に擬したと思われる　＊**酴醾**――麹、濁り酒。中国産蔓性の灌木。初夏に青みをおびた白い花をつける。トビという酒の色に似ているので名付けた。また茶醾《とび》という灌木の花も白または黄色。名花十友の一つ。古歌に玉川の景物として山吹を詠むことが多い。この詩は山吹の花を酴醾に見立てている　＊**金浪**――山吹の花が水面に映っている景　＊**新葩**――咲いたばかりの花びら

⑤草舎偶咏

粗末な茅葺きの小屋は、南に向かって広く開け
山々の色は青空の果てと混じりあい
膝を入れられるだけの狭い部屋の他に、何を求めることがありましょう
たとえ私の眼は現実に此処に在ろうとも
夜の簾は天上の月光を留めて浄らかで
昼寝の枕は、風があたって心地よい
何ということもなく、この無窮の景色が気に入って
時折　一首の詩を作ります

草舎偶咏
茅堂南面豁
山色碧雲涯

草舎偶咏
茅堂《ぼうどう》*　南面　豁《ひら》け
山色　碧雲の涯《はて》

容膝何求外　膝を容るる＊　何ぞ外に求めん
縦眸実在茲　縦《たと》い眸《ひとみ》は実《まこと》に茲《ここ》に在りとも
夜簾留月浄　夜簾　月を留めて浄らかなり
午枕搡風宜　午枕　風を搡《う》って宜《よろ》し
坐愛無窮景　坐《そぞろ》に無窮の景を愛し
時題一曲詩　時に　一曲の詩を題す

＊茅堂――茅葺《かやぶ》きの粗末な家　＊膝を容るる――容膝、わずかに膝を入れられる、狭い部屋の意

⑥明妃の曲

皇帝の約束は、まことに厳かで改め難いものでした
お仕えした帝と永久にお別れし、はるか北海の辺境へ赴きます
紫の髯を生やした異民族の王と、どうして心が通い合うものでしょうか
美しく化粧した王昭君の悲しみを、だれもとどめることはできません
渡り鳥の雁は辺地から南へと去り

身軽な鶯《うぐいす》は、自由に王宮の庭の木の間を飛び回ります
思いもよらぬことでした、美しい顔容《かんばせ》をもってしても
その運命が鳥たちにさえ及ばないものであろうとは

明妃曲

聖約真難改
長離北海潯
紫髯情豈似
青黛思何禁
羈雁辞辺地
遷鶯入御林
寧期将玉貌
薄命不如禽

明妃《めいひ》*曲*

聖約　真に改め難し
長《とこし》えに離る　北海の潯《ほとり》
紫髯《しぜん》*　情《こころ》　豈《あ》に似んや
青黛《せいたい》*　思い　何ぞ禁ぜん
羈雁《きがん》　辺地を辞し
遷鶯《せんおう》　御林《ぎょりん》に入る
寧《なん》ぞ期せんや　玉貌を将《も》ってしても
薄命　禽《きん》に如かずと

＊明妃―王昭君のこと。前漢の元帝の宮女であったが、匈奴との親和政策のために、匈奴の王

妃として遣わされ、その地で死んだ　＊曲―漢詩の一体。楽曲　＊紫髯―匈奴や西方異民族の赤みがかったひげと青い目を紫髯緑眼といった。岑参の詩に「紫髯緑眼胡人吹」がある　＊青黛―青いまゆずみ。まゆずみで化粧した美しい人

⑦又　ある人の詩に次韻する

北の地に生える牧草や辺りの雲が視界を遮り
青々と芽ぐんだ柳の枝が、春風になびく姿を見ることは絶えてありません
宮殿のきざはしで、一たび帝にお別れして以来、その恩寵も途絶えました
王昭君の深い悲しみを、どうして雁の便りに托して、伝えられるでしょう

又　次某韻

白草辺雲遮眼中
曾無垂柳動春風
玉階一別君恩絶

又＊　某の韻に次す

白草＊　辺雲　眼中を遮《さえぎ》り
曾て垂柳　春風に動く無し
玉階＊　一別　君恩絶え

深思争能托雁鴻　　深思　争《いか》でか能《よ》く雁鴻《がんこう》に托さん

＊又――⑥と同題の意　＊白草――北方に生え、牧草になる　＊玉階――宮殿の美しい階段

⑧中川君が訪ねて来られた。韵を分けて、先を得た

みすぼらしい路地裏に、清らかな楽しみは稀で
ご近所みな畑作の話ばかり
さあ、盃を挙げ、机のそばで酌み交わしましょう
筆をふるい、灯の光で詩を作りましょう
するといっそう詩情の湧くのを感じ
また俗世間のことに、一切煩わされません
今宵は何という夕べでしょう
酔い心地で玉山の辺りを彷徨《さまよ》い、睡りを忘れることでしょう

中川君見訪分韻得先

陋巷稀清興
四隣農語伝
勧盃酙案外
揮筆詠灯前
更覚幽情動
又無俗務牽
今宵若為夕
忘睡玉山辺

中川君訪わる　分韻*して先を得

陋巷《ろうこう》*　清興《せいきょう》稀なり
四隣　農語　伝う
盃を勧め　案外《あんがい》*に酙《く》*み
筆を揮《ふる》いて　灯前に詠ず
更に幽情　動くを覚え
又　俗務　牽《ひ》く無し
今宵　若為《いか》なる夕べぞ
睡りを忘れん　玉山《ぎょくざん》*の辺《ほと》り

***分韻**―二人以上が会合して、互いに韻（韻とは漢字の持つ母音のひびき）を分け合い詩作すること　***陋巷**―狭い路地裏　***案外**―机のそば　***酙**―斟と同じく酒をくむ、くみ交わすの意　***玉山**―美しい容姿のたとえ。美人が酒に酔いつぶれる様を玉山崩るという

⑨宮女の悲しみを詠んだ回文詩

もの寂しく更けてゆく、深い夜を何としたものでしょう
露でしとどに濡れた樹に月光が砕けて、金をちりばめたよう
あでやかな宮女が一人、欄干の下で
思いの限りを遣るように、一曲の琴を奏でます

宮怨回文
蕭蕭奈夜深
露樹月摧金
嬌面玉欄下
思遣一曲琴

宮怨*回文*
蕭蕭《しょうしょう》として　夜のふくるを奈《いかん》せん
露樹　月　金を摧《くだ》く
嬌面　玉欄の下《もと》
思い遣《や》る　一曲の琴

***宮怨**―宮女の悲しみ　***回文**―終わりから逆に読んでも詩になっているもの

【原詩を反転してみると】

深夜奈蕭蕭　深夜　蕭蕭たるを奈《いかん》せん
金摧月樹露　金は摧く　月樹の露
下欄玉面嬌　下欄の玉面　嬌《たお》やかなり
琴曲一遣思　琴曲　一《いっ》に思いを遣る

深夜のひっそりしたもの寂しさをどうしたものだろう
月光に照された樹の露が　金を砕いたように輝く
下の欄にいる女人の面はあでやかで
琴を前にひたすら胸の思いを奏でている

⑩蚤を憎む

真夏から初秋までの耐え難く暑い日々は、休む暇ない小戦場
蚊の軍勢や、蝿の群れは、ぶんぶん忙しく飛びまわる
ましてや炎天の苦熱に出あったら、ちりちり焼ける勢い
その縦横無尽の威力には、到底かないません

しかし火龍も蚊や蝿も、憎らしいとは言え
彼らを避け、彼らを防ぐ方法はあります
最も悩ませられるのは、粟粒くらいのあの狡がしこい虫けら
赤茶色の甲羅で、鋭い觜《くちばし》、その害のなんと隙間もないこと
夜もすがら、むらむらと攻めたてて、私の眠りを妨げます
捕えようとすれば、稲妻のように、思うままに立ち回り
私の爪の鏃《やじり》はすり減ってしまい、心も疲れます
肩を刺し胸を刺し、後また前
負けっぱなしの私には、すばしこい虫の働きを防ぐ手立てがありません
莫邪《ばくや》の名剣も、邪念を払う鈷剱《こけん》の仏具も、恐れはしませんが
どうしたものか、詩人の私は、詩を作る外はなくて
筆の鋒先を鋭く彼に突きつけてやりましたが、一顧だにされませんでした

憎蚤　　　　蚤《のみ》を憎む

三复汲汲小戦場　　　三复《さんぷく》*　汲汲《きゅうきゅう》*たり　小戦場

蚊軍蝿陣羽扇忙
況逢火龍潑潑勢
炎威縦横不可当
火龍蚊蝿雖可憎
避之防之猶有術
最憂粟大狡猾蟲
紅甲利觜害何密
終夜蜂起悩我眠
欲捕如電恣周旋
爪鏃禿来心亦疲
攻肩攻胸後又前
輸子機巧防無具
莫邪鈷鍬豈知懼
如何詩人比興日
筆鋒遺彼一不顧

蚊軍　蝿陣　羽扇　忙し
況《いわん》や　火龍《かりょう》*　潑潑《はつはつ》の勢いに逢うをや
炎威《えんい》縦横《じゅうおう》　当る可からず
火龍　蚊蝿　憎む可しと雖《いえど》も
之れを避け　之れを防ぐに　猶《な》お術有り
最も憂うるは　粟大の狡猾《こうかつ》の蟲
紅甲利觜《りし》　害　何ぞ密なる
終夜　蜂起《ほうき》*し　我が眠りを悩ます
捕えんと欲すれば　電《いなずま》の如く　恣《ほしいまま》に周旋《しゅうせん》*す
爪鏃　禿《す》*り来りて　心亦《ま》た疲る
肩を攻め胸を攻め　後又た前
輸す*　子の機巧　防ぐに具《そな》え無し
莫邪《ばくや》*　鈷鍬《こけん》*　豈《あ》に懼《おそ》れを知らんや
如何《いかん》ぞ　詩人　比興《ひきょう》*の日に
筆鋒《ひっぽう》*　彼に遺《おく》れども　一に顧みず

＊**三復**―三伏のこと。夏至の後の三番目・四番目の庚の日と、立秋後の最初の庚の日を三伏という。この時期は非常に暑い　＊**汲汲**―休まず努めること　＊**火龍**―伝説の火を負う龍、炎天の苦熱にたとえる　＊**蜂起**―蜂が群がるように、兵乱などが起こる　＊**周旋**―巡り、立ち回る　＊**禿**―はげ、すりへる　＊**輸す**―輸は送る、負けるの意　＊**莫邪**―春秋時代の人、その人の作った名剣の名　＊**鉆鍬**―鉆はインドの護身用の兵器、煩悩を打破する仏具の一つ　＊**比興**―詩経の六義のうちの比と興。比は比喩を使う詩作、興は草木鳥獣などから詩心を引き起こす述べ方　＊**筆鋒**―筆の勢い、筆の鋒先

⑪水竹楼について詩を作り、贈る

建物は仁豊野村にあり、主人は石見氏です。生まれつき孝行で、流れの辺りの竹林に家を建て、そこに両親を住まわせています。そして四方の知人に詩を求めました。この詩の後半はそれに由来しています。　男　文識

こんもりと茂る静かな竹藪は、流れに沿い
岸辺に美しい高殿が落成し、大切な両親を住まわせます
流れは渦巻きまた分かれて、小波は緩やかに清らかに
さしかわし、入り混じる翠の竹葉は目に鮮やかです
膝下で、おとなしく両親に仕え
眼前の佳い眺めは、それだけで両親の心を娯しませせます

まさに老いたる両親が共に長生きすることのみを願い
美しい竹、悠々たる流れ、共に申し分のない春です

寄題水竹楼

楼在仁豊野村、楼主石見氏性孝、起楼于水竹間、以養双親、徴題於四方、後半所以云云　男文識

水竹楼に寄題す

楼は仁豊野《にぶの》*村に在り、楼主石見氏、*性は孝にして楼を水竹の間に起し、以て双親を養う。題を四方に徴*して、後半所以《ゆえ》に云々す　男　文識

鬱鬱幽篁流水浜
岸頭楼就奉尊親
巴叉宛転清漣浄
个介交加翠葉新
膝下婉容応養志
眼前佳景自娯神
当期寿考双棲久

鬱鬱《うつうつ》*たる幽篁《ゆうこう》*　流水の浜《ほと》り
岸頭に楼は就《な》り　尊親を奉ず
巴叉《はさ》*　宛転《えんてん》　清漣《せいれん》　浄らかに
个介《かかい》　交加して　翠葉《すいよう》　新たなり
膝下の婉容《えんよう》*　養志に応じ
眼前の佳景　自ずから神《しん》を娯《たの》しましむ
当《まさ》に　寿考《じゅこう》*　双棲《そうせい》の久しきを期すべし

秀竹長江共万春　　秀竹　長江　共に万春

＊仁豊野村―当時、播州神西郡上仁豊野村と、神東郡下仁豊野村があった。この詩の仁豊野村が何れであるか不明。現在はどちらも姫路市に合併されている。なお仁豊野は和辻哲郎の出身地である　**＊石見氏**―不詳　**＊徴す**―召出す、求める　**＊鬱鬱**―樹木が群がり茂る、気が盛んにのぼるさま　**＊幽篁**―静かな竹藪　**＊巴叉**―寄りあったり分かれたりする小波の様子　**＊婉容**―しとやかな姿、すなおな表情　**＊寿考**―長寿、考は老の意

⑫父の死去に際して、恵文上人が線香と気高い調べの一詩を手向けてくださった。その詩に次韵し、以て謝意といたします

思いがむすぼれ、空しく時を過ごす、朝また夕暮れに
ただひたすら喜びました、仏の御法の雨が父の霊魂に注ぐことを
尊いお香を父の衣の上に供えることができ
仏の徳を讃える詩文を吟じていると、清らかな心が根ざします
行いが悪く、喪に服している自分を慙じて、すなおな子供の心になり
愚かな心ながら父の言い付けを守り、遺された子孫を護らねばなりません

切々たる御高情に、報いる術もなく
ただせめて私めの真心を述べようと、少しばかり言の葉を書き連ねました

丁父艱恵文上人見恵線香及高調一曲次韻以謝

父艱《かん》に丁《あ》*たり　恵文上人　線香及び高調一曲を恵まる
次韻して以て謝す

鬱陶空消晨又昏
偏欣法雨澍霊魂
宝香供得薫衣上
妙偈吟来浄意根
薄行居憂慙順子
痴心奉節護遺孫
高情切切無由報
敢述鄙誠書数言

鬱陶《うっとう》として空しく消《しょう》す　晨《あした》　又た昏《ひぐれ》
偏《ひとえ》に欣《よろこ》ぶ　法雨　霊魂に澍《そそ》ぐを
宝香　供え得たり　薫衣の上
妙偈《みょうげ》*　吟じ来たる　浄意の根
薄行*　憂に居り*て　慙《は》じて　子に順《なら》い
痴心　節を奉じて　遺孫を護る
高情　切切として　報ゆるに由なし
敢えて　鄙誠を述べて　数言を書す

＊艱に丁たる—父母の喪にあう、父母に死なれる　＊妙偈—美しい偈、偈は仏の徳を讃える韵文　＊薄行—行いが良くない　＊憂に居る—喪に服している

⑬五日

家ごとに、戸口にかぐわしい若い蓬の束をかけ
菖蒲の葉で飾り付けた樽の濁り酒に酔っています
衆人皆酔えり我独り醒めたり、と言った屈原に似た人がいるでしょうか
せめて私だけでも、その高潔な志をいつまでも仰ぎ続けましょう

五日

戸戸懸新艾
蒲樽酔濁醪
独醒誰得似

五日＊

戸戸《ここ》　新艾《しんがい》＊を懸け
蒲樽《ほそん》　濁醪《だくろう》に酔う
独り醒＊めて　誰か似るを得ん

堪仰志風高　　志風高きを　仰ぐに堪えたり

＊**五日**―五月五日、端午の節句　＊**艾**―よもぎ、もぐさ　＊**独り醒める**―『楚辞』「漁父《ぎょほ》」に「衆人皆酔えり　我独り醒めたり」とあるのによる

⑭九日旅情　児文の詩に次韻する

故郷を遠く離れて、重陽の節句を迎えました
旅人の愁いは、そぞろにもの寂しく
垣根の菊を摘んでも、見せる人とてない
故郷の我が庭は、千里も遥かなのです

九日旅情　次児文韻　　九日＊旅情　児文の韻に次す

異郷逢茱節　　異郷　茱節《しゅせつ》＊に逢い
客思転蕭條　　客思《かくし》　転《うた》た蕭條《しょうじょう》たり

籬菊無由摘
故園千里遙

籬菊　摘むに由《よし》無し
故園　千里遙かなり

＊九日―九月九日、重陽の節句　＊茱節―重陽の節句をさす。この日に茱萸《しゅゆ》の枝を髪に挿して邪気を払うという、王維の詩に名高い。日本ではぐみの枝をいう

⑮画に題す

月が今まさに山並みを離れて昇ろうとし、月光が谷川の流れに砕けます
岸辺を隔てて、二つ三つ、お寺が小さく見えています
お手紙の余白に残りの墨で描かれた画は、なんと趣のあること
見る人の心を、忽ち別天地に遊ばせてくれます

題画

画に題す

月脱連峰砕澗流

月　連峰を脱し　澗流《かんりゅう》＊に砕く

両三精舎隔涯幽
楮端余墨亦奇事
忽使人心別地遊

両三の精舎《しょうじゃ》＊　涯《きし》を隔てて　幽《かすか》なり
楮端《ちょたん》＊の余墨　亦た奇事なり
忽ち　人心をして　別地に遊ばしむ

＊澗流—谷川、山間の流れ　**＊精舎**—寺院、学校、塾など　**＊楮端**—楮はこうぞ、またこうぞで漉いた紙、手紙の意。楮端は手紙の余白

⑯水亭　蛍を観る

たそがれ時は、流れの辺りのあずま屋に憩うにちょうどよい頃あい
暑さを避け、そして岸辺に群れとぶ蛍を愉しみます
流れ下る水はゆらゆらと、小波を輝かせ
ときおり吹きおこるつむじ風は、明星をきらきらと水面に散らせます
かつて銀の燭台の代わりとなって、書を読む机を明るくし
またある時は、宮殿の階の屏風の画を照らしました
この蛍にまつわる謂れは、まったく愛さずにはいられません

言ってはいけませんよ、この可憐な蛍が、昨日は腐った浮草であったなんて

水亭観蛍

黄昏恰好坐江亭
避暑兼憐満岸蛍
落水揺揺輝細浪
飄風爛爛散明星
嘗為銀燭随書案
又入金階照画屏
此物由来堪愛殺
莫論前日腐余萍

水亭　蛍を観る

黄昏《こうこん》　恰《あたか》も好し　江亭に坐するに
暑を避け　兼ねて　満岸の蛍を憐れむ
落水は揺揺として　細浪を輝かし
飄風*は爛爛《らんらん》として　明星を散ず
嘗《かつ》て　銀燭と為《な》りて　書案に随《したが》い
又《ま》た金階に入りて　画屏を照らす
此の物の由来*　愛殺*するに堪う
論ずる莫れ　前日　腐余の萍《へい》*と

＊飄風――つむじ風、ときおり吹きあがる風　**＊由来**――よって来た来歴、謂れ　**＊愛殺**――愛する、殺は意味を強める助字　**＊萍**――漂う浮草。昔、中国には腐った浮草が蛍となるという俗説があった

⑰誓詞　并に序

近頃、ある人が私に醜い行為があると噂していると聞いた。ただちに七言絶句を作り、神に問いただし、そして私の志の証明とし、それで以て自分自身に誓います。むしろ文字の拙さで以て、人々から嘲られるかもしれないが、どうして潔白の身でありながら穢れを受けて、両親に恥をかかせることに我慢できようか。もし信じてもらえないなら、神様、これを罰してください。

言ってはいけません、人はよく心の奥底をみるものだなどと
誰が知っているでしょうか、松や柏は、冬の寒さにもその翠を衰えさせません
秋の厳しい霜に遭って堅い志を磨き、その光は刃のようです
世間の邪悪な者たちを、安んじて防ぐことが出来るでしょう

誓詩　并序

頃日聞或伝余有穢行。乃賦一絶。質神明。以証其志。且以自誓。寧以文字鄙拙取嘲於大方。何忍以身之察察。受物之汶汶以忝所生乎。如所不信者。神明其罰之。

誓詞　并に序

頃日《けいじつ》、或るひと、余に穢行《あいこう》*有りと伝うるを聞く。乃《すなわ》ち一絶を賦し、神明に質《ただ》し、以て其の志を証し、且つ以て自ら誓う。寧《むし》ろ文字鄙拙《ひせつ》なるを以て、大方の嘲りを取らん。何ぞ身の察察《さつさつ》*を以て、物の汶汶《もんもん》*を受けて、所生《しょせい》*を忝《はずか》しむるに忍びんや。如《も》し信ぜられずんば、神明　其れ之れを罰せよ

莫説人能見肺肝　説く莫れ　人能《よ》く肺肝*を見ると
誰知松柏不凋寒　誰か知る　松柏《しょうはく》　寒に凋《おとろ》えざるを
秋霜磨操光如刃　秋霜　操を磨して　光　刃の如し
世上衆魔安得干　世上の衆魔　安《やす》んじて干《ふせ》ぐを得ん

＊**穢行**―けがれた行い、醜い行為　＊**察察**―けがれないこと、潔白　＊**汶汶**―けがれ、汚辱の譬え。察察・汶汶は『楚辞』「漁夫」に「安《なん》ぞ能く身の察察を以て、物の汶汶を受けんや」とあるのによる　＊**所生**―生みの親、両親　＊**肺肝**―心の奥底、真心

⑱夕暮れに、偶々《たまたま》裏庭の湿地で一匹の大きななめくじを見つけた。明朝にまた見かけた。依然として動いていない。そこでこれはもう死んでいるか、と思った。じっと見つめると、向こうも角をそばだてるのが見える。（なんだかなめくじの気持ちが分かるような気がして）にっこり笑って、この詩を作った

なめくじ、なめくじ、なんと無益な者よ
お盆ほどの狭い湿土にその生涯をまかせている
これをよくよく見ると、眼や口が有るのやら無いのやらわからない
鉤《かぎ》のように曲がった体、ねばねばした皮膚、まるで屍のようだ
うねうね腹這って生涯を終えるまでに、一尺も動くだろうか
ゆっくりとか細い角をそばだてて、誰に向って行こうとしているのか
形は小さく微かで、本体は軟らか、触る気持ちにもなれない
体液が尽きるまでうねうね動いて、乾いて死ぬのは何をあてにしてのことか
なめくじは無言であったが、おずおずと答えた
そして言うには、しっ、静かにしてください、私にはよくわかっているのです
万物を造り出す天の大きな溶鉱炉が、私にこの小さな形と気を与えた
人はこれを神の働きと言うが、私がどうしてそれを知ろうか、知ったことではない

何事か、人生は百年にも満たないのに
人は常に千年も心配ばかりして、日々あくせくしている
私は外面と本体がたしかに小さいので、ますます欲することも少ない
私の生まれつきは、落ち着いて静かであり、少しも私心がない
無私のもたらす徳は、真心あるのみだ
すなわちその点で、万物の造物主と肩を並べることができる
意必固我という四つの欠点も私には無く
行くも止まるも自然のままで、自分が決めたりはしない
わが胸は、是こそ天であり、誰が狭いと言えようか
わが体は万物と同様で、どうして丕《おお》きくないことがあろうか
偶々造化の働きのままに、生涯を終えるのみだ
かの天命に任せ、またどうして疑ったりしようか

暮夜偶於屋背湿地。見一大蛞蝓。及明又見之。依然不移。意其已死。熟視見其方欹角。
莞爾賦之。

暮夜　偶《たま》たま屋背《おくはい》の湿地に於いて一大蛞蝓《かつゆ》*を見る。明に及び又た之れを見る。依然として移らず。意《おも》うに其れ已《すで》に死せるかと。熟視して、其の方も角を欹《そばだ》つるを見る。莞爾《かんじ》として之れを賦す。

蛞蝓蛞蝓何無為
盆大湿土寄生涯
視之無見眼口具
鈎身黐膚委類尸
腹行終世不満尺
徐欹纖角欲当誰
形眇質軟触不堪
液尽槁死何所誘
蛞蝓無言答以臆
曰勿聒我深察之
洪鑪賦我些形氣
人喚神機我焉知

蛞蝓《かつゆ》蛞蝓　何ぞ為す無き
盆大の湿土に生涯を寄す
之れを視るに　眼口具《そな》わるを見る無し
鈎身黐膚《こうしんりふ》*　委《つぶ》さに尸《しかばね》に類《に》る
腹行して世を終うるまで　尺に満たず
徐《おもむ》ろに纖角を欹《そばだ》て　誰に当《むか》わんと欲するか
形は眇《びょう》として質は軟か　触るれば堪えず
液尽き槁《かわ》きて死す　何の誘《ゆだ》ぬる所ぞ
蛞蝓言無く　答うるに以て臆す
曰く　聒《かまびす》しくする勿れ　我深く之れを察す
洪鑪《こうろ》*　我に賦《あた》う　些《いささ》かの形と気
人　神機と喚《よ》ぶも　我焉《いずく》んぞ知らんや

何事人生不満百
常憂千歳日孜孜
形質愈微慾愈寡
我性恬静毫無私
無私之徳至誠耳
乃得与造化相比
意必固我吾無有
行止自然吾不期
吾胸是天誰謂隘
吾体万物豈不丕
偶爾乗化而帰尽
任彼天命又奚疑

何事ぞ　人世百に満たざるに
常に憂いは千載《せんざい》にして　日々に孜孜《しし》たる
形質　愈々《いよいよ》微なれば　欲すること　愈々寡《すく》なし
我が性恬静《てんせい》にして　毫《ごう》も私《わたくし》無し
無私の徳　至誠あるのみ
乃ち造化《ぞうか》＊と相比《あいひ》するを得《う》
意必固我＊　吾に有る無し
行くも止まるも自然にして　吾れ期せず
吾が胸は是れ天　誰か隘《せま》しと謂わんや
吾が体は万物　豈に丕《おお》きからずや
偶々　化《か》に乗じて帰尽《きじん》するのみ
彼の天命に任せて　又た奚《なに》をか疑わん

＊**蛞蝓**―なめくじ　＊**鈎身黐膚**―鈎なりに曲がった体とねばねばした皮膚　＊**洪鑪**―大きな溶鉱炉。人材を養成するたとえ　＊**造化**―造物主、宇宙、自然　＊**意必固我**―『論語』子罕《しかん》第九に「子、四を絶つ」とあり、孔子には、意＝私意、必＝自己主張、固＝固執、我＝利己の四つ

の欠点が皆無であったと述べているのによる

⑲感を書す

街中に花びらが飛び散って、日足が長くなり
村の南の寺々も、北の神社も春の祭礼に賑っている
女児たちは喜び躍って、新調の着物を比べあい
まるであでやかな蝶が狂ったように追いかけ合っています
中でも度々耳にするのは、天満社の祭礼の賑いの噂
聞くところ、人々は千年近くも菅原道真公の命日を祀り続けてきたのです
粗末な田舎家の分からず屋の主婦は、それについて偶々感ずることがあり
一人黙って何とはなく、往きし遠い世の有様を思い巡らします
今は神となられた道真公が、かつて帝にお仕えになっていた時
その才と学識はいよいよ人に優れ、人徳はいよいよ慎み深いものでした
帝の恩寵は盛んに湧きおこる水のように、廷臣の居並ぶ朝廷に溢れ
道真公が次々に昇進なさるさまは、日の光が山に登るよりも速いものでした

ところが思いもかけず、とびや梟《ふくろう》のような凶悪な者たちが高く斜めに飛びたち
気高い鳳は一転地に落ち泥にまみれ、助ける人とてありません
帝は厳勅の使を遣わされ、引っ立てるように退けられ
公お一人と四人のお子たちは、別々に追放されました
人は一人の子さえ失うのも耐え難いのに
何ということか、親子五人、それぞれ絆を断たれて別れます
血の涙を流し、天を仰いで問いかけても、天は応えず
一片の澄んだ真心さえ、誰も思いやる者はいません
美しい宮殿に伺候した日日は、昨日の夢となり
飛び去る雁の声や時折の鐘の音を、明け方に枕を欹《そばだ》てて聞きます
道真公の奥方も空しい涙にくれるだけ
西の窓辺で燭の芯を剪りながら、共に話し合う人もいません
けれども御覧なさい、気高い道真公の忠心は変わらず、また乱れず
真冬の寒さにも変わらぬ松柏の翠そのものです
前漢の武将李陵が、自分の責任で選んだ道にも拘わらず
却って漢廷の仕打ちを深く憤り恨んだのとは異なります

天日は明かあかと照らしながら、公の罪を晴らすことなく
かつて賜った御衣に残る香りを拝して、悲痛な詩に忠誠心を託されます
悲痛な詩を吟じつつ遥かに都を望み、それでもなお帰ることはできず
遠い僻地で、死んでなお鬼となって生きつづけます
かの青く奥深い天は、正しいのか間違っているのか
当時の人々の心を、故もなく怖れ惑わせましたが
大いなる天は、結局は誤らないことを知りました
怒りの雷が激しく鳴りはためき、宮中を驚かせ
内裏のきざはしを稲妻が走り、帝の御衣にまで逼《せま》り
邪悪な者たちは相次いで斃《たお》れ、全く免れた者は稀でした
ここに始めて帝の心は切々と慙じ悔いられ
道真公の霊に元の官位を追贈され、天の威力に謝罪されました
ここにおいて人々の疑いは氷が解けるように溶け去り
以来、道真公を天神として祀る社があちらこちらに建てられました
その名誉を次第に高からしめ、民草はみな仰ぎ尊び
抱かれた赤子やよちよち歩きの子供さえ、なお天神様と親しみ敬います

この世に生きておられた日々に、今日の栄誉を予期していらしたでしょうか
いいえ、あのお方の御心を見るに、そんな期待は決してありません
ただ、類ない徳と澄み切った忠誠心は、決して黒ずんだり磨り減ったりしませんでした
千年も輝やくあのお方のお名前は、なんと素晴らしい、佳きお名前でしょう。

書感

陌頭花飛日晷長
南寺北祠祭会忙
女児欣躍競新衣
馳逐恰如嬌蝶狂
就中又聞菅廟祭
人説諱辰近千歳
荊門頑婦偶有感
黙坐追思思往世
菅神嘗在朝廷時

感を書す

陌頭《はくとう》*に花飛び　日晷《ひあし》　長し
南寺北祠　祭会忙し
女児　欣躍し　新衣を競い
馳逐《ちちく》すること　恰《あたか》も嬌蝶の狂うが如し
就中《なかんずく》　又た聞く菅廟*の祭り
人は説く諱辰《きしん》*　千歳に近し
荊門*の頑婦　偶々感有り
黙坐して追思し　往きし世を思う
菅神　嘗て朝廷に在る時

才識益秀徳愈祗
恩波洶湧溢官海
累進速於上山曦
豈図鴟梟斜高翥
鸞鳥委泥無人助
令嚴勅使驅将去
一身四子離各処
人失一子不可忍
何況骨肉五断去
泣血仰天天不応
一片氷心誰能恕
金閣雲階昨宵夢
過雁疎鐘欹枕曙
紅紛楼中空垂涙
西窓剪燭誰共与
君不見君子不移又不淫

才識　益々秀にして　徳　愈々祗《つつし》む*
恩波　洶湧《きょうゆう》*として　官海に溢れ
累進すること　山に上る曦《ぎ》*よりも速し
豈に図らんや　鴟梟《しきょう》*　高翥《こうしょ》*斜めなり
鸞鳥《らんちょう》*　泥に委《ゆだ》ねられ　人の助くる無し
厳勅の使をして驅将《かり》て去《しりぞ》けしめ
一身と四子　各処に離る*
人　一子を失うも　忍ぶ可からざるに
何ぞ況《いわん》や骨肉　五断して去るをや
泣血して天を仰ぐも　天　応ぜず
一片の氷心*すら　誰か能く恕《おも》わんや
金閣雲階*　昨宵の夢
過雁疎鐘　枕を欹《そばだ》つる暁
紅紛楼中*に　空しく涙を垂る
西窓に燭を剪り　誰とともにか共にせん
君見ずや　君子移らず　又た淫《みだ》れず

歳寒方知松柏心
不似李陵有自取
却向漢廷憤怨深
天日皦皦無明罪
猶拝余香託悲吟
悲吟悵望歸不得
僻土為鬼此生息
彼蒼冥冥是耶非
当時使人転眩惑
知道皇天遂不非
怒雷霹靂驚禁闈
電射玉階逼龍袞
奸邪随斃能免稀
帝心始覚慙悔切
追復本官謝天威
衆疑渙然如氷解

歳寒　方《まさ》に知る　松柏の心
李陵《りりょう》*　自ら取る有りて
却って漢廷に向かいて憤怨深きに似ず
天日皦皦《こうこう》たれども　罪を明らむる無し
猶お余香を拝*して　悲吟に託す
悲吟　悵望*すれども　帰るを得ず
僻士*に鬼*と為りて　此《ここ》に生息す
彼の蒼　冥冥*として　是か非か
当時　人をして転《うた》た眩惑せしむ
知道*す　皇天　遂に非ならず
怒雷　霹靂《へきれき》として　禁闈《きんい》*を驚かす
玉階を電射し　龍袞《りゅうこん》*に逼《せま》る
奸邪*　随《つづ》きて斃《たお》れ　能く免るるは稀なり
帝心　始めて慙悔*を覚ゆること切なり
追いて本官に復し　天威に謝す
衆疑*　渙然*として　氷の解くるが如く

爾來祠堂処処起
令誉漸長民悉仰
孩提稚子猶欽美
存日豈必期今栄
無期亦見君子情
至徳精忠不緇磷
宜矣千載赫赫名

爾来《じらい》　祠堂《しどう》　処処《しょしょ》に起こる
誉れをして漸く長ぜしめ　民　悉《ことごと》く仰ぎ
孩提《がいてい》*　稚子《ちし》*すら猶お欽美《きんび》*す
存日　豈に必ずしも　今栄を期せんや
亦た君子の情を見るに　期無し
至徳　精忠　緇磷《しりん》*せず
宜《むべ》なるかな　千載赫赫《せんざいかくかく》*の名

***陌頭**―陌は道、あぜ道、街路　***菅廟**―菅原道真を祭った神社、天神社　***諱辰**―天皇皇后、或いは親の命日、貴人の命日。諱は忌、辰は日と同意　***荊門**―いばらの門のある粗末な家　***祗**―つつしむの意　***洶湧**―水がさかんに湧きおこるさま　***曦**―日の光　***鴟梟**―とびとふくろう、凶悪な人のたとえ、ここでは道真を中傷して、大宰権帥に左遷させた藤原時平らを指す　***高翥**―高く飛び上がる　***鸞鳥**―神鳥、鳳凰の一種、菅原道真を指す　***厳勅の使をして……各処に離る**―『菅家後集』の「詠楽天北窓三友詩」に「勅使駆将て去りしより／父と子一時に五処に離れたり」とあるのによる　***氷心**―澄み切った清い心　***金閣雲階**―美しい建物、天子の宮殿　***紅粉楼**―婦人が化粧する高殿、道真の妻女を指すか　***李陵**―前漢の武将、字は少卿。武帝の時、匈奴と戦って捕えられ、匈奴の王の娘を妻として、その地で二十年後に

没した　＊**余香を拝す**―『菅家後集』の「九月十日」の詩に「恩賜の御衣は今此に有り／捧持して日毎余香を拝す」とある　＊**悵望**―悲しげにはるか遠くを眺める　＊**僻土**―片いなか　＊**鬼**―おに、神として畏れ祀られる霊魂、人間をこえた働きの形容　＊**冥冥**―暗い、奥深いさま。『菅家後集』の「灯滅」第二首に「冥冥の理は冥冥に訴えんと欲す」とあるのによる　＊**知道**―道理を明らかに覚り知る、気がつく　＊**禁闈**―宮中、御所　＊**龍衮**―天子の衣服　＊**奸邪**―よこしまな者たち　＊**慙悔**―恥じて悔いる　＊**衆疑**―一般の人たちの疑い　＊**渙然**―溶け散るさま、がらりと変わるさま　＊**孩提**―抱かれた子供、二、三歳ころまでの子供　＊**稚子**―おさない子供　＊**欽美**―うやまい褒める　＊**緇磷**―黒ずんですりへる　＊**赫赫**―明らかでさかんなさま、立派な名声

文稿

①恵文上人に贈る手紙

近頃、有難いことに重ねてお手紙を賜り、封を開いて捧げ読み、伏して細かにお伺い申しますに、日々健やかに過ごされること、手を打ってお喜び申し上げます。前日、わきまえもなくつまらぬ事を申し、そのため再び手紙を書く手数をおかけしました。まことに恐縮に耐えません。私はもともと山里の田舎者であり、終日食事の支度にあくせくしており、書物を手に取る暇もありません。ただ亡き父が弟子に教授する声が少しばかり耳に残っているだけでございます。どうして燕や雀のような身でありながら、大鳥の仲間になることを望みましょうか。先頃、尊詩を賜り、父の死を弔って下さいました。有難いお心が懇ろに届きましたが、お礼の申しようもなく、貴方さまの詩を受けて詩を作りました。それすら僭越なことですのに、ましていい加減なことを申して貴方様のお耳を汚してしまいました。今、お上人さまははっきりした証拠を挙げて、私を諭してくださいました。曇っていた私の眸は今ここに開きました。失礼を償う方法とてありません。それなのに、幸いに私を見捨てることなく、さらに新しい御作を賜りました。清辞妙句、ことさらお目を懸けて下さっています。感謝してもしきれないほどです。ただ顔を赤らめ、自らを愧じるばかりです。褒めたり感心して頂くようなものではなく、狎《な》れなれし過ぎるのではないかと心配ですが、敢えて少しばかりの心を述べようと願い、慎んで拙い手紙を認め、お返事申し上げます。ちょうどこの頃、春の寒さがいっそう甚だしく、仰いでご自愛を祈ります。　不恭

＊**編者注**―手紙に日付がないが、小鶴の父松岡義輔が没した天保十一年九月十五日以後のものと思われる

贈恵文上人書

頃者辱雲章重下。開椷捧讀。伏審道候。起居康寧。忻抃無極。前日叨陳小事。以至煩改写。曷勝氷肅。妾固山村之鄙婦。終日汲汲於饋食之事。不遑把巻帙。唯先人授弟子之余音。聊在耳而已。豈望以燕雀儔鸞鳳哉。曩被弔賜尊闋。芳意懇到。不能報謝。強賡玉韵。夫猶得非僭踰乎。況以鹵莽之言卒瀆高明。今座下歴挙明徴以諭。昏眸茲豁。多罪無由贖。然座下幸不遐棄。加賜新篇。清辞妙句特蒙眷注。感謝不已。唯赧然自愧。嘉歎無当。雖不能無嫌於褻謾。庶幾敢述寸心。虔修蕪牘上復。惟時春寒猶力。仰願自珍。不恭

恵文上人*に贈る書

頃《さきごろ》は雲章*重ねて下さるを辱くし、緘《かん》を開き捧読し、伏して審《つまび》らかに道《ひら》き候《うかが》うに、起居康寧、忻抃《きんべん》*極まり無し。前日叨《みだり》に小事を陳べ、以て改写を煩わすに至る。曷《なん》ぞ氷粛《ひょうしゅく》に勝《た》えんや。妾固《しょうもと》より山村の鄙婦にして、終日饋食《きしょく》*の事に汲汲として、巻帙《かんちつ》を把るに遑《いとま》あらず。唯だ先人弟子に授くるの余音、聊《いささ》か耳に在るのみ。豈に燕雀《えんじゃく》*を以て、鸞鳳《らんほう》*に儔《ちゅう》するを望まんや。

曩《さき》に弔せられ尊闕《そんけつ》*を賜るに、芳意懇《ねんご》ろに到れども、報謝する能わず。強いて玉韵に賡《つ》ぐ。夫れ猶お僭踰《せんゆ》に非ざるを得んや。況や鹵莽《ろもう》*の言を以て卒《にわか》に高明を瀆《けが》すをや。今、座下《ざか》*、明徴を歴挙して、以て諭す。昏眸、茲《ここ》に豁《ひら》く。多罪贖《あがな》うに由無し。然るに座下、幸いに遐棄《かき》せず。加うるに新篇を賜う。清辞妙句、特に眷注《けんちゅう》*を蒙る。感謝して已《や》まず。唯だ赧然《たんぜん》として自ら愧ず。

嘉歎当たる無く、褻謾《せつまん》*に嫌《きら》ひ無きこと能わずと雖も、敢えて寸心を述べんことを庶幾《こいねが》い、虔《つつし》みて蕪牘《ぶとく》を修《ととの》え、上復す。惟《こ》の時、春寒猶お力《はなはだ》し。仰ぎて自珍を願う。　不恭。

***恵文上人**―不詳　***雲章**―目上の人からの手紙を敬って言う　***忻抃**―手を打って喜ぶこ

と　＊**饋食**―食事、食物　＊**燕雀**―つばめとすずめ、度量の小さい小人物の意　＊**鸞鳳**―おおとり、大人物を指す　＊**尊闋**―闋は一曲を奏し終えること、尊闋で恵文上人から贈られた弔詩を指すか　＊**鹵莽**―軽率で不注意なこと　＊**坐下**―相手の座席の下、相手に敬意を表して言う　＊**眷注**―目をかける、恵みを注ぐ　＊**褻謾**―狎れなれしくおこたる

②三木竹臺に贈る手紙

前日、お目を汚しましたところの拙い手紙は、戯れに話が蒙求に及びました。昨日お返し頂き、拝受いたしました。その上お手紙で、懇ろにお諭しくだされ、どうして御恩に感ぜずにいられましょうか。わが子はもともと才が無く、その上まだ学問もありません。此のような著述（文の著作か）も亦た誤りが多くないと言えないことを知りました。幸いに見棄てることなく、過分のお褒めを頂きました。わが子はよく此れに値するでしょうか。また加えて一夕三遷の字をお教え下さいました。厚く目を懸けて下さることの何と深いことでしょう。私は初めてわが子を中元前に帰省するように命じました。昨日、親族の中に用事で安田に行く者があり、私に、わが子を促して共に連れて帰りたいと言います。私は慌ててこれを許しました。その後すぐ、その日時が延びて中元後に至り、学問をしない日が多くなるだろうと悔やみました。しかし往っ

てしまった者を追うことはできませんでした。数えてみれば、今朝明け方ごろには帰って居るでしょう。そうすればすぐに（わが子を）貴君の許に急ぎ赴かせて、お教えを聞こうと思います。またお手紙には（私の）拙い手紙を評して、文中に時折儷語《れいご》（対辞）を使っているが、まだこれの是非はわからない、とありました。私はもともと賢くはなく、一つの文章の意義も理解していません。その上三つの欠点があります。貧しくて書籍が足りず、婦女であるから師友がありません。それに加えて鬱病で思考が明らかでありません。ああ、どうして共に文章の巧拙を論じたり出来るでしょうか。そうであっても、何時の日かお教えいただけるならば、その喜び幸せは量り知れません。お手紙には又、（私の拙い一文の）趣旨は感ずべきものがあるとありました。是れが私の、御芳情を深く感謝する所以です。私の孤独な思い、結ぼれた閊《つか》えは辺りを見ても訴える所がありません。もし偶々来客があって、ある時平生作ったところの詩を誦してみせても、すぐに唯だそれを誦えてよい詩だ、よい詩だと言うだけです。まあ、何を言っているのでしょう、何を言っているのでしょう。

私が頑なで愚かしいことは、前にお話しした通りです。どうして文章や言葉を論じる力があるでしょうか。唯だ貴君が能く私の小さい志の在り処を察して下さるだけです。昔、私は「僧恵文に答える」の詩作を以て、敢えて貴君のお目を瀆《けが》しました。貴君が言われるには、其の詩の情は篤実であり、後聯《こうれん》は最も見所がある、文の上手下手など必ずしも問題とすることはない、と。

まさにこの時です。貴君はまだ弱冠（二十歳）にもならないのに、能く人を思いやること、年輩の人を超える者で有りました。その時私は窃かに貴君の卓絶を知りました。そうして敢えて窃かに私の知己といたしました。どうぞその分を越えた思い上がりを咎めないで下されば、幸いです。唯だ私は平生から未だ一度も虚飾の言葉を言ったことはありません。もし正直に語るものがいるならば、それは私です。貴君はどうぞ察して下さるよう願います。

昨日は有難くも、遠地の産物である嘉き賜物を頂きました。私は既に独り住まいであり、誰のために身なりを整えることがありましょうか。どうして此の化粧道具を用いることなどありましょうか。とは言っても此れをお断りするのは失礼です。敢えてお受け奉ります。すべてお気持ちを損ねることを恐れ、敢えて言葉を尽くすことができません。　謹白

＊編者注──この手紙は、息子文が安田村から帰省する天保十五年中元直前に書かれたとみられる

贈三木竹臺書

前日所瀆覧。蕪牘及戯談蒙求。昨蒙投還。即照収。且華柬諄諄。曷堪感荷。豚児固不才。且未学。如此著亦知謬妄不為不多。幸不棄擲。過蒙嘉奨。児豈能当之乎。又教以加一夕

三遷之字。厚眷何深。妾初命児使以中元前帰省。昨有族人以事取路安田者。告妾欲促児同帰。妾倉卒許之。既而自悔其延至中元後。則廃学之日居多。而往者不可追也。計帰在今明。将趨拝聞清誨。又来諭評蕪牘曰。文中間用儷語。未知是非。妾固不敏。不解一文義。且有三不能。貧賤而乏書籍。婦女而無師友。又加以鬱病而心志不了了。嗚呼何足共論文之巧拙。雖然他日若奉教誨。則欣幸何量。来諭又以為一篇之趣意可感。是妾之所以深荷芳情也。妾孤懐鬱悶。四顧無訴。如偶有来客。或一誦平生所作。則唯誦曰妙妙。咄是何言与是何言与。妾之固陋已如前説。豈足賞文辞乎。唯君能有察微志之所在而已。昔妾以答僧恵文之作。敢瀆尊覧。君曰。其情篤実。後聯最可取。如文之巧拙不必問也。方此時也。君未弱冠。而其能恕人有踰老成人者矣。時妾窃知君之卓絶。敢窃当知已。請幸勿尤其僭踰。唯妾平生未嘗作虚飾語。如告神明者。是妾也。君請察焉。昨寵賜遠産嘉貺。妾既寡居。誰適為容。豈用此脩容之具之為哉。雖然却之不恭。敢登受。万恐嫌疑。不敢尽言。謹白

三木竹臺*に贈る書

前日覧を瀆《けが》す所、蕪牘《ぶとく》戯れに蒙求《もうきゅう》*を談ずるに及ぶ。昨投還を蒙り、即ち照収す。且つ華柬《かかん》*諄諄《じゅんじゅん》として、曷《なん》ぞ感荷*に堪えんや。豚児固より才あらず。且つ未だ学ばず。此の

著*の如き亦た謬妄《びゅうもう》*多からずと為さざるを知る。幸いに棄擲《きてき》せず、過ぎて嘉奨《かしょう》を蒙る。児豈に能く之れに当たらんや。又た教うるに一夕三遷*の字を加うるを以てす。厚眷《こうけん》何ぞ深き。妾初めて児に命じて中元*前を以て帰省せしむ。昨族人事を以て路を安田に取る者有り。妾に児を促して同《とも》に帰らんと欲すと告ぐ。妾倉卒《そうそつ》*として之を許す。既にして自ら、其の延ぶること中元後に至らば、則ち学を廃するの日居多《きょた》ならんことを悔ゆ。而《しか》るに往く者は追う可からざるなり。計《かぞ》うれば帰るは今明に在り。将に趨拝《すうはい》して清誨を聞かんとす。

又た来諭*、蕪牘を評して曰く、文中間々《まま》儷語《れいご》*を用う、未だ是非を知らず、と。妾固《もと》より敏ならず。一の文義も解せず。且つ三つの不能有り。貧賤にして書籍乏し、婦女にして師友無し、又た加うるに鬱病を以て心志了了たらず。嗚呼、何ぞ共に文の巧拙を論ずるに足らん。然りと雖も、他日、若し教誨を奉ずれば、則ち欣幸何ぞ量《はか》らん。来諭、又た以為《おもえ》らく一篇の趣意感ず可しと。是れ妾の芳情を深荷する所以なり。妾の孤《ひと》り懐《おも》いて鬱悶し、四顧*すれども訴うる無し。如《も》し偶々来客ありて、或いは平生作る所を一誦すれば、則ち唯だ誦して曰く、妙妙と。咄《とつ》、是れ何をか言はんや、是れ何をか言はんや。妾の固陋《ころう》已に前説の如し。豈に文辞を賞するに足らんや。唯だ、君能《よ》く微志の在る所を察する有るのみ。昔、妾が僧恵文に答うるの作を以て、敢えて尊覧を瀆《けが》す。君曰く、其の情篤実、後聯*最も取る可し、文の巧拙の如きは必ずしも問わざるなり、と。方《まさ》に此の時なり。君未だ弱冠《じゃっかん》ならずして、其の能く人を恕《おも》う、老成人を踰《こ》ゆること有り。時に妾窃《ひそ》かに君の卓絶を知り、敢えて窃《ひそ》かに知己に当つ。請うらくは幸いに其の僭踰《せんゆ》を尤《とが》むること勿《なか》れ。唯だ妾平生未だ嘗て虚飾の語を作らず。如《も》し神明を告ぐる者は、是れ妾なり。君、請う、察せよ。

昨遠産の嘉貺《かきょう》*を寵賜す。妾既に寡居にして、誰に適《あ》てて容*を為さん。豈に此の脩容の具*を用いて之れ為さん。然りと雖も之を却《しりぞく》るは不恭なり。敢えて登受せん。万《すべ》て嫌疑を恐れ、敢えて言を尽さず。　謹白

＊**三木竹臺**―播州神東郡田原村辻川（現兵庫県神崎郡福崎町）の大庄屋三木家七代当主。一八二四～五七。小鶴とは早くから親交があった。詳細は解説に述べた　＊**蒙求**―中国後晉の時代に著された三巻の書。古人の逸話を類集したもの。子供が覚えやすいように、四字句の韻語を配列してある　＊**華柬**―来簡のこと、柬は簡の略字　＊**感荷**―恩に感じる　＊**此の著**―小鶴の息子文の著述か　＊**謬妄**―出鱈目の誤り　＊**一夕三遷**―居住のおちつかないこと　＊**中元**―道家の節日、陰暦七月十五日を言う。上元は正月十五日、下元は十月十五日　＊**倉卒**―にわかにあわただしいさま　＊**来諭**―ここでは来簡と同意　＊**儷語**―対辞　＊**四顧**―辺りを眺める　＊**後聯**―律詩（八句から成る漢詩）の場合、第三・四句と第五・六句を対句とする規則がある。

後者を後聯という　＊嘉貺―よき賜り物　＊容―かたち、かたちづくる　＊脩容の具―化粧道具の類、身なりを整える道具

③角田先生に差し上げる手紙

田舎者の女が頓首再拝して、謹んで申し上げます。私めが秘かに察するに、凡そ自分の志すところを訴えようのない者は、詩文に思いを述べるものです。そうしてその発した言葉は必ず痛切であり、その文章は必ず真実です。屈原の辞や班嫱《はんしょう》の詩歌によって、それを観ることができます。彼らと私と賢愚は天地ほどの違いはありますが、もともと其の情においては同じです。今、私めは淋しい一人ぼっちの身で、鬱々とした悶えが胸に満ちています。ややともすれば、無駄な言葉でもって高明なお気持ちを暗くするかも知れません。伏してお願い申します、どうか私の罪をお忘れくださいさい。

私めは嘗て亡き父に約束し、稚い子を養育し、そして今日までまいりました。常にその子が立派に成人し、そして亡き父の跡を継ぐことを望んでおります。亡き父の名は勇と言いました。幼くして大層読書を好み、閑を偸《ぬす》んで読みふけり、いつも寝食を忘れるほどでした。若い時から儒者と成り、それで家門を樹《た》てる志を持っていましたが、妨げられる事があって志を果たせ

ず、郷里で医を業といたしました。その性質は謙譲で素朴、上辺を飾ることは少なかった。当に亡き祖父の時に大破産し、田も家もすべて失いました。家に貯えは少なかったが、さっぱりと無欲で、あくせくいたしませんでした。このため一層世過ぎの路は行きづまり、落ちぶれて志を得ずして亡くなりました。

今、わが子文は、早くから立派な先生に見出されて、お目を懸けて頂くに至りました。過分にお引き立てを蒙り、私めにとりこれ以上の歓びはありません。何時の日か、幸いに儒の業を兼ね唱えることができれば、則ち是れこそ能く亡き父の志を継ぐこととなります。私のような者は、親に仕えても十分に孝を尽くし得ず、夫に仕えても遂に妻の礼を為し遂げることができず、まさに蚯蚓《みみず》の暮らしのような細々した事の繰り返しに明け暮れし、親をしてその晩年を穏やかに過ごさせることができませんでした。たとえわが子文が、名を世に顕すとしても、私めがどうして立派な供養を望みましょうや。もし文が、何時の日か家を再興すれば、私はその夕べに死んでも、亦た何を憾みましょうか。憾みはしません。

私めが古今の歴史をずっと観ますに、その篤行が権勢や利益を目当てにしない者は、蘭のように清らかに馨るのを感じます。人は木石ではありません。私めがどうして貴方様からの思いがけない恩義を、深く感謝しないことがありましょうか。惟だ恐れるのは、幼く愚かなわが子の臆病な志が進まず、多くの方々のお心を瀆《けが》さないとは言えず、私めの心配するのは、是れのみでございます。まさに今、文が帰省して側におります。私はその怠惰を痛く戒めました。するとすぐに文が申しますには、わざと怠っているのではない、と。私めは未だ必ずしも彼の言葉を信じて居りません。

伏して貴方様にお願いします。もし便りを出すよき折がありましたら、手紙を以てお知らせ下されば幸いです。是が敢えてお願いするところでございます。忝くも御厚情を恃みとして、直接に胸の内を陳べました。唯だ広いお心でお許しを願い上げます。お手紙を書くにあたり、恐れふるえております。頓首再拝して、敬って申し上げます。

＊編者注―角田義方の引き立てにより、文が姫路の藩校に学んでいる頃のものと思われる

上角田先生書

鄙婦某頓首再拝謹白。賤妾窃察。凡志操無訴者。莫不発於詞藻。而其言必切。其文必実。屈子之辞班嬙之歌可以観矣。雖賢愚有霄壌之異。原其情則同矣。今賤妾孤影煢々。鬱悶満襟。動陳冗言以黯高明。伏冀勿録罪。賤妾嘗約先考。護養稚孩以至今日。常望其成全人。以継先考。先考名勇。幼甚好讀書。偸閑耽読。毎忘寝食。蚤歳有意於以儒樹門戸。阻撓不果。業医于郷里。性謙素少文。当亡祖之時大破産。田宅悉没。家無擔石之儲。而

澹然無所営。是以世路益屯。落托不得意以没。今文也蚤得識韓。寵注備至。過蒙揄揚。賤妾何歓比之。他日幸能兼唱儒業。則是能継先考之志者也。如賤妾則事親不能尽己。奉夫不能遂礼。乃充区区之蘋操。至使親不安余年。仮令文也顕達。賤妾何敢望供養之美哉。文而一朝起家乎。賤妾夕死亦何憾矣。賤妾歴観古今。篤行出於勢利之外者。覚其馨如蘭。人非木石。賤妾豈不深荷左右不測之恩哉。惟恐小頑儒志不進。不得無瀆大方之明。賤妾之所憂是而已。方文之帰省在側也。賤妾痛戒其懈惰。文則曰不敢懈。賤妾未必信彼之言也。伏望左右。若得順鴻。則幸報以消息。是所敢請也。叨恃高眷直陳寸衷。唯願海涵。臨楮不任悚慄之至。頓首再拝敬白。

角田先生*に上《たてまつ》る書

鄙婦某《それがし》、頓首再拝*して謹みて白《もう》す。賤妾《せんしょう》窃《ひそ》かに察するに、凡《およ》そ志操の訴うる無くんば、詞藻《しそう》に發せざるなし。而して其の言必ず切なれば、其の文必ず実なり。屈子《くつし》*の辞《じ》、班《はん》嫱《しょう》*の歌、以て観る可し。賢愚に霄壌《しょうじょう》の異ありと雖も、原《も》と其の情則ち同じ。今、賤妾、孤影煢々《けいけい》として、鬱悶《うつもん》襟《えり》に満つ。動《やや》もすれば、冗言《じょうげん》を陳べて高明を黯《くら》くす。伏して罪を録すること勿《なか》れと冀《こいねが》う。

賤妾嘗て先考に、稚孩《ちがい》を護養することを約し、以て今日に至る。常に其の全人を成し、以て先考を継ぐを望む。先考、名は勇、幼くして甚だ読書を好み、閑《ひま》を偸《ぬす》みて耽読し、毎《つね》に寝食を忘る。蚤歳《そうさい》、儒を以て門戸を樹《た》つるに意有れども、阻撓《そどう》せられて果たさず。医を郷里に業とす。性は謙素にして文《かざ》ること少なし。亡祖の時に当りて、大いに産を破り、田宅悉《ことごと》く没す。家に擔石《たんせき》*の儲《たくわ》え無くして、澹然《たんぜん》として営む所無し。是を以て世路益々屯《とどこお》る。落托《らくたく》して意を得ず、以て没す。

今、文は蚤《はや》くに識韓《しきかん》*を得て、寵注備さるるに至り、過ぎて揄揚《ゆよう》*を蒙る。賤妾何の歓びか之に比せん。他日、幸いに能く兼ねて儒業を唱うれば、則ち是れ能く先考の志を継ぐ者なり。賤妾の如きは、則ち親に事《つか》えて己を尽くす能はず、夫を奉じて礼を遂《と》ぐる能はず。乃《すなわ》ち区区の螾操《いんそう》*に充《あ》たりて、親をして余年を安んぜざらしむるに至る。仮令《たとい》文や顕達すとも、賤妾何ぞ敢えて供養の美を望まんや。文にして、一朝家を起こさんか、賤妾夕べに死すとも亦た何ぞ憾《うら》みん。

賤妾古今を歴観するに、篤行勢利の外より出ずる者は、其の馨《かお》り蘭の如きを覚ゆ。人木石に非ず。賤妾豈に左右*の不測の恩を深荷せざらんや。惟だ恐る、小頑*の懦志《だし》進まず、大方の明を瀆《けが》す無きを得ざらんことを。賤妾の憂うる所是れのみ。方《まさ》に文の帰省して側に在るなり、賤妾其の懈惰《かいだ》を痛戒す。文則ち曰く、敢えて懈《おこた》るにあらずと。賤妾未だ必ずしも彼の言を信ぜざるなり。

伏して左右に望む。若し順鴻を得ば、則ち幸いに報ずるに消息を以てせよ。是れ敢えて請う所なり。叨《みだ》りに高眷《こうけん》を恃《たの》み、直《じか》に寸衷《すんちゅう》を陳べ、唯だ海涵《かいかん》を願う。楮《ちょ》に臨み、悚慄《しょうりつ》の至りに任えず。頓首再拝して敬白す。

＊角田先生—角田義方（号は櫧園・通称は心蔵）。姫路藩の儒者。藩校好古堂の漢学教授。詳しくは解説に述べた　**＊頓首再拝**—頭を地につけ、二度拝礼し、敬意を表す中国の礼式。また書簡文の最後に敬意を表して書く言葉　**＊屈子**—屈原。戦国楚の人。懐王に仕えて信任厚く、三閭大夫となったが、妬まれて王に疎んぜられるようになり、「離騒」を作って王を諫めた。襄王の時、讒言によって長沙に放逐され、「漁父」の諸篇を作って志を表し、石を抱いて汨羅《べきら》に身を投じた　**＊班嬙**—班婕妤。漢の班況の女。女流詩人。成帝の女官となる。のち人に讒せられて退き、太后に長信宮に仕え、詩を賦して自らを傷んだ。それは極めて哀婉な詩で知られている　**＊擔石**—ひとかつぎの重さの物と一石、わずかの量のこと　**＊識韓**—優れた人に会ってその名を知られる喩。韓は荊州の太守・韓朝宗をいう　**＊揄揚**—引きあげる、ほめそやす　**＊嬪操**—日常の些細なことに明け暮れる意　**＊左右**—御側の人、相手を尊敬して直接に言わず側近の人と言う　**＊小頑**—鈍くて頑なな子供（息子文を指す）

④竹臺の手紙への返事

お手紙にこまごまとお書き下さり、特別に厚くお目を懸けて下さるのを感じます。私の拙い原稿をお還し賜り、直ちに拝受いたしました。私は日頃独り居で、頼る所はありません。常に鬱々と晴れぬ心の悶えを懐いています。或る時、神の心に質問しようとしましたが、神は黙って照らしているだけで、答えはありませんでした。そこで唯だ私の真心を率直に述べ、楽しんで君子（竹臺をさすか）に思いを伝えようとしました。浅はかな愚かしさで貴君の高明なお心を瀆すことを憚らなかった所以です。貴君は幸いにもお見棄てなく、すべてのことの両端を示されました。深く感銘するばかりです。

もし（私が）父や夫に及ばないとすれば、それは運命がないまでのことです。その上、家に書籍が乏しく、之に加えて、わが子文が遊学する時に、書籍を持って行きました。日用のごく卑近な書物さえこれ等を坐右に具えることができません。是れが益々私の考えが粗陋《そろう》になる理由です。貴君が（私を）或いは孟母の遺風に倣うものに比し、或いは以て外見の美と内面の実質を兼備える者となさるのは、全く当たりません。ですからお手紙を見れば、愧じて背に汗が盎《あふ》れる思いが私には在るのです。

もしも、私が、貴君が拝佛誦経《じゅきょう》なさるのを聞いて喜んでいるのを問い糺《ただ》されるなら、少しばかり考えを陳べざるをえません。私は愚かで貴君を深く知ってはいないのですが、以前立派な著述を見て、是れを以て窃かに貴君のお考えを知りました。私は近頃、父親の喪を弔いました。（その時）貴君が拝佛誦経なさるのを目の当たりに見ました。そして心に秘かに思うには、貴君が是れをなさるのは世間の習わしに逆らわないことに在ると。その先輩や村人たちとて百万遍の経を誦する意をよく学んでおりましょうか。

そして（貴君が）退場したあと、にっこりと笑って或る人に曰いました、三木君でさえ猶おこれをするのか、何んとよく習熟していることだろう、と。人は或いは之を聞いて、そして貴君に此の言葉のみを告げたでしょう。そしてその告げる人は、私が貴君の振る舞いを笑ったとおそるおそる言ったのでしょう。それは喜びを笑いに代えたにすぎません。其の笑いは嘲笑ではありません。一時の戯笑にすぎません。どうぞおとがめなきようにお願いします。

＊**編者注**――この手紙は小鶴の父義輔が没した天保十一年九月よりやや後に書かれたと思われる。その時三木竹臺は十七歳。七歳の時、義輔の塾に入門した縁がある。儒者として拝仏した竹臺を小鶴が咎めたという誤解があったかもしれない

復竹臺書

芳緘縷縷。特覚顧眄之厚。野稿蒙賜還。即照収。妾平日孤影無所依。毎懐鬱悶。或欲質神明。神明黙照不答。因唯直攄己之丹心。以樂致於君子。所以不憚譾陋瀆高明也。君幸不遐棄。竭両端而見示。感銘不已。若夫不如父与夫。則固所不待命。且家乏書籍。加之文也遊学齋書。日用浅近之書。猶不能具諸坐右。是所以益粗陋也。君乃或比孟母之遺風。或以為兼文質。則不敢当。則来書所謂愧汗盎背者乃在妾身也。若夫以妾聞君之拝佛誦経而喜之見詰問。則不能無少陳。妾下愚雖不足以知君。嘗見盛著。是以窃知君之立意。妾頃弔尊族之喪。会見君之拝佛誦経。意窃以為君為之者。意在不違俗。豈其先輩与村人脩百万遍之意乎。既退。莞爾謂人曰。三木君猶為之乎。何習熟之至。人或聞之以告君以此言耳。以告者憚言妾笑君之所為。以喜代笑耳。其笑也非嘲笑。一時之戯笑也已。請幸勿尤。

竹臺に復する書

芳緘《ほうかん》*縷縷《るる》*として、特に顧眄《こべん》*の厚きを覚ゆ。野稿賜還を蒙り、即ち照収す。妾平日孤影の依る所無く、毎《つね》に鬱悶を懐く。あるいは神明に質《ただ》さんと欲すれども、神明黙照して答えず。因って唯だ直《じか》に己の丹心を攄《の》べ、以て楽しみを君子に致さんとす。譾陋《せんろう》高明を瀆すを憚らざる所以なり。君幸いに遐棄《かき》せず、両端を竭《つく》して示さる。感銘已《や》まず。若し夫《そ》れ父と夫に如かざれば、則ち固より命を待たざる所なり。且つ家は書籍乏しく、之れに加うるに文が遊学して書を齎《もたら》し、日用浅近の書、猶お諸《こ》れを坐右に具うる能わず。是れ益々粗陋*なる所以なり。君乃《すなわ》ち或いは孟母の遺風に比し、或いは以て文質*を兼ぬると為すも、則ち敢えて当たらず。則ち来書に謂う所の愧汗《きかん》背に盎《あふ》るる者、乃ち妾身に在る也。

若し夫れ妾、君の拝佛誦経《はいぶつじゅきょう》を聞いて之を喜ぶを以て詰問さるるは、則ち少しく陳《の》ぶる無き能わず。妾下愚にして以て君を知ること足らずと雖も、嘗て盛著を見て、是れを以て窃《ひそか》に君の立意を知る。妾頃《このころ》尊族*の喪を弔い、會《たま》たま君の拝佛誦経するを見る。意窃かに以為《おもえ》らく、君之れを為すは、意俗に違わざるに在りと。豈に其の先輩と村人と百万遍*の意を脩せんや。

既に退きて、莞爾《かんじ》として人に謂いて曰く、三木君猶お之を為《な》さんか、何ぞ習熟の至れる、と。人或は之を聞きて以て君に告ぐるに此の言を以てする耳《のみ》。以て告ぐる者は、妾が君の所為《しょい》*を笑うと言うを憚る。喜びを以て笑いに代うる耳《のみ》。其の笑いは嘲笑に非ず、一時の戯笑なる已《のみ》。請う、幸いに尤《とが》むること勿《なか》れ。

＊芳緘―他人からの手紙を敬して言う　＊縷縷―こまごまと述べるさま　＊顧眄―かえりみる　＊粗陋―粗く狭い　＊文質―外見の美と内面の実質　＊尊族―血族で目上の者　＊百万遍―百万遍念仏を誦える仏事　＊所為―しわざ、ふるまい

⑤竹臺に贈る手紙

近頃、貴稿をお示し頂き、巻を開いて拝読しました。それは界雄という上人との贈答の書、すべて六章です。貴君の才能見識は遥かに人に優れ、林公にも匹敵するほどです。林公でさえ屈することが少なくないのではないですか。私の性質は分からず屋で、その上病魔が心中に入り込んでいます。貴君は廃疾だといって私を見捨てはなさいません。そこで幸いにも共に優れた詩文の韵《ひびき》を聞くことができました。その上貴君は(私に)直接論評を加えるよう告げられました。ああ、どうして私の狭い考えで以て、貴稿を汚したりできましょうか。唯だ平素からお目を懸けて頂いている故、敢えて田舎者の胸中をかくさずに、貴稿中の疑わざるを得ない箇所を指摘して、それにつまらぬ見解を加えて、左に書き記し、教えを待ちます。貴稿の完璧なことに私も慎重になりますが、(恐縮ですが)どうぞ御査収願います。

御論は言っています、もう死んでしまった者は生まれていないのと同じだと。私がひそかに思

うには、もしそうだとすれば死者には全く知覚がないということになる、と。孔子は曾子に言いました、（生前は親を安心させ）死後はその霊が子孫の祭りを悦んで享け入れる、と。私は未だ疑わずにはいられません。唯だ謹んで疑問を述べておきます。

御論は言っています、最後まで無しで通すことができないなら有るということができるし、最後まで有りで通すことができないなら無しということができる、と。私がひそかに思うには、是の御論は恐らくは間違っています。凡て物は（物事は）未だ其の有無を実証できないなら、絶対に有るとか、絶対に無いとかと云うことはできません。御論は言っています、耳の聴くところは虚であり、目の視るところは実である、と。私はひそかに思います、目の視るところは確かに真実です。然し凡て物事はその既に視たものはまさに有と言います、そのまだ視ていないものは恐らく有無を論ずることができないと。

御論は言っています、いつも不思議に思うのは、世間の愚かな男女たちは、人が常に守るべき道を語ると、理に暗くぼうっとして理解できないが、しかし極楽浄土の説となると断然信じて疑わない、と。私が内心思うには、儒者は口を開けばすぐに仁義を説きます、仏者は口を開けばすぐに御利益《ごりやく》を説きます。仏教に入り易いのが愚かな男女たちなのです。思うに亦た、小人なので利を説くとわかりやすいのでしょう。

御論は言っています、書物が廃《すた》れることがあっても道は廃れないと。私はひそかに思います、道は確かに廃れません、しかし書物が廃れれば教えが廃れます。後世に以て道を聞く手がかりが無くなるのです。昔の人の所謂、尽《ことごと》く書物を信じないならば、いっそ書物が無い方がよいと。貴君の謂うのは之れです。御論は謂っています、是の教えを悟れば、殊さらに手を打って欣ぶ者があるだろう、云々、後世はまことに危ういことだ、と。私が内心思うには、この言葉は恐らく嘲りのように聞こえます。其の中愚、小愚と謂うのはこじつけのように聞こえます。以上の数カ条、失礼にも貴君のお考えを黷《けが》す事でしょう、申し訳ございません、伏してお恕しを願い上げます。

お願いがあります。試みに私の拙い懐いを陳べ、併せて教えを待ちます。言葉多きをお恕し願います。思うに天の理《ことわ》りは一つあるのみです。ここに人々がいて同じく円月を見ています、ある人は明鏡のようだと曰い、ある人は玉盤のようだと曰います。言葉にちがいはあっても、指差す所は、全く一つなのです。古代の優れた帝王たちの立てた教えはもともと純粋であり、その後春秋戦国時代に現れた多くの学者たちの学説は、各々長所短所があります。しかしその目指す所を見れば、一つの理りが広く行きわたっているだけです。仏の教えと儒教とは違っていますが、しかし亦た果して氷と炭、天と地ほども違うでしょうか。儒教、仏教の人たちは互いに其の書物を読みますが、各々その説を固く信じています。ですから心を虚しく広くして、その奥義を窮める人は或いは少ないのではないでしょうか。

貴君が程子朱子らの説を主張されるのは、当を得ています。しかし、そう言っても柳宋元《りゅうそうげん》、蘇軾《そしょく》らも亦たその当時の優れた学者詩人です。私が聞くところでは、此の人たちもまだ全く仏を排斥してはいません。是はただ欣求浄土《ごんぐじょうど》の気持ちからでしょうか、それとも地獄を畏れてのことでしょうか。思うに亦た仏を聖人の道に合う者と考えたのでしょうか。わが家は世々天台宗に属していました。祖父が以前法華経に帰依し、一念三千の教えを説きました。私は幼い頃これを聞くことができ、わずかに一二のことを記憶しています。此の言葉は理が有るように見えます。しかし私は愚かで、未だにその理を明らかに悟ることができません。仏は、極重の悪人を救うには一つしか方法がない、唯だ弥陀を願えば即ち往生できると説きますが、私は未だ理解できません。唯だ内心で思います、天道は真心の極みであり偽りはない、と。神が我々に形を現わして教え弘めることは、昔も今も髪の毛一本ほどの誤りもありません。細かに物事の理りを推察すれば、いわゆる報応は無いはずはありません。そして報応が有るとすれば、つまり前生後生の説は絶対に無いと言い続けることはできません。但し私はそのはっきりとした徴候をまだ見たことがありません。ですから私は其れが有ることを的確に知ることが出来ないだけなのです。ただそれだけです。死ぬときは火の消えるようにして終ってしまう。もし死人でも知覚が有れば、則ちその時に応じて報せてもらえばよいのですが。

聖人は曰っています、天道は福善禍淫（良い人に幸が来て、悪いことをする人にはバチがあたる）と。

しかし古今の事跡を見れば未だ必ずしも福善禍淫ではありません。然しながら、善は自ずから善であり、悪は自ずから悪であり、それはもうあきらかに現れています。論語にあるように、闕疑慎行其余（疑わしきを欠き、慎んで其の余を行う）に及ぶことはありません。私がこれができるとは申せません。ただ其の志の目指す所はこの通りなのです。ああ、私のようなちっぽけな者でも、平常虫や蟻のような小さな者すらも、敢えて踏むことをしません。是は報応を畏れてではなくて、そうするのです。其の気もちを考えてみるに、凡そ血の通った生き物すべて、生を好まない者はありません。又た痛み苦しみを知らない者はありません。だから踏むに忍びないのです。私の愚かしさはこの通りです。

私は早くから心の病に罹っています。手紙を書こうと思うごとに、足りないことや誤りが紙面一杯になります。この為に或る時は頻りに書き改めねばなりません。それに加えて日々のつまらぬ仕事に取り紛れ、言葉を尽すことができません。若し幸いにお教え下さるならば、直接お目にかかってお教え頂くこともできます。無駄口で貴君を煩わせました。お詫び申しあげます。

不悉

＊**編者注**―この手紙は、三木竹臺が父の没後、江戸遊学を止めて帰郷し、大庄屋としての務めをしていた頃のもので、小鶴と頻繁に交流があった様子がわかる。また彼らの知的交流の関心

事がどのようなものであったかが窺える

贈竹臺書

頃日蒙示貴稿。開巻伏読。即所与上人界雄者贈答書凡六章也。君才識超絶。以当林公。林公乃得無少屈乎。妾性頑愚。加二豎入心。君不以廃疾之故遐棄也。幸得与聞金玉之音。且諭以直加評隲。嗚呼以妾之至陋。而何敢汙貴稿哉。唯平素荷眷注。不敢蔽鄙衷。摘高論中所不能無疑者。且加妄見。録于左以待教。貴稿謹璧。験収是祈。高論称。其既死也猶未生。妾窃以為如是則死者全無知也。孔子告曾子曰。祭則鬼享之。妾未能無疑焉。唯謹存疑而已。高論称。既不能保果無。則謂之有亦可。不能保其果有。則謂之無亦可。妾窃以為是論恐不然。凡物未証其有無。則不可得云必有必無也。高論称。耳之聴也虚。目之視也実。妾窃以為目之視也固実矣。然凡物其所既視。則当曰有。其所未視。恐不可論有無。高論称。常異世之愚夫愚婦。語之以彜倫之道。則蒙乎不能解。而至浄土之説。則断然信不疑焉。妾窃以為。儒開口則説仁義。仏開口則説利益。仏之易入愚夫愚婦也。蓋亦有小人喩於利者矣。高論称。書雖廃道不廃。妾窃以為道固不廃。而書廃則教廃。後世無由以聞道也。昔人所謂尽不信書。亦不如無書者。君之謂也。高論称。領是教殊有欣抃者。云云。後世其危乎。妾窃以為此言恐似嘲。至其謂中愚小愚。恐似牽強。以上数条叨黷高明。多罪多罪。伏冀原恕。請試陳鄙懐。并待教。願恕多言。蓋天理一而已。有人於此。同望円月。或曰如明鏡。或曰如玉盤。雖言有異同。所指則一也。先王之立教固純粋。諸子百家之言各有得失。而要其所帰。一理之所磅礴而已。仏説与儒道不合。亦豈果如氷炭霄壌哉。儒釈之流互読其書。而各有所固執。故能虚心胸。以窮其奥者或鮮矣。君奉程朱諸公之説当矣。雖然。柳子厚蘇子瞻亦一代之名家。妾聞此輩未全斥仏。是豈欣求浄土乎。将怖畏地獄乎。蓋亦以仏為合聖道者乎。妾家世属天台宗。台祖嘗依法華。説一念三千之法門。妾幼時得聞之。纔記一二。此言似有理。而妾下愚未能明証其理也。仏説極重悪人。無他法便〔法方訛〕。唯願弥陀。即得往生者妾未解也。唯窃謂天道至誠無妄。垂象布化。古今不謬毫髪。細推物理。所謂報応者不可無矣。既有報応。則前生後生之説不可保果無矣。但未見確然可徴。故未能的知其有耳。無他。死之日如火滅則已。死如有知。則応機就其依報可也。聖人曰。天道福善禍淫。而古今之跡未必福善禍淫。然而善自善。悪自悪。昭昭乎可見也。不如闕疑慎行其余。妾非曰能之。唯其志之所帰嚮如此。嗚呼妾之区区也。平常雖至眇之蟲蟻不敢践也。是非畏報応而然也。其意以為。凡有血気者莫不好生。又莫不知痛楚。故不忍也。其痴如此。妾夙罹心疾。毎欲作書。闕誤満紙。為之或頻改写。加以塵務之紛冗。不能尽言。若幸見教。奉面諭可也。冗言煩左右。謝謝。不悉

※〔 〕は三木竹臺の頭注か

竹臺に贈る書

頃日《けいじつ》、貴稿を示すを蒙り、巻を開き伏して読む。即ち上人界雄*なる者と贈答する所の書凡《すべ》て六章なり。君の才識超絶す。以て林公*に当る、林公乃ち少《や》や屈すること無きを得んか。妾性頑愚にして、加うるに二豎《にじゅ》*心に入る。君廃疾の故を以て遐棄《かき》せざる也。幸いに与《とも》に金玉之音*を聞くを得たり。且つ諭《つ》ぐるに直《じか》に評騭《ひょうしつ》*を加うるを以てす。嗚呼、妾の至陋を以て、何ぞ敢えて貴稿に汙《けが》さん哉。唯だ平素眷注《けんちゅう》を荷《いただ》く。敢えて鄙衷《ひちゅう》を蔽《かく》さず、高論中の疑い無き能わざる所を摘し、且つ妄見を加え、左に録し以て教を待つ。貴稿璧を謹しみ、験収是れ祈る。

高論は称す、其れ既に死せるや、猶お未だ生まれざるがごとしと。妾窃かに以為《おもえ》らく、是の如くなれば則ち死者全く知る無き也と。孔子曾子に告げて曰く*、祭らば則ち鬼《き》之れを享《う》く、と。妾未だ疑い無き能わざるなり。唯だ謹んで疑いを存するのみ。

高論は称す、既に果《つい》に無きを保つ能わずんば、則ち之れを有りと謂うも亦た可なり。其の果《つい》に有るを保つ能わずんば、則ち之れを無しと謂う亦た可なり、と。妾窃かに以為らく、是の論恐らく然らず、と。凡《およ》そ物は未だ其の有無を証せずんば、則ち必ず有り、必ず無しと云うを得可からざる也。高論は称す、耳の聴くや虚、目の視るや実なり、と。

妄窃かに以為らく、目の視るや固《もと》より実なり。然れども凡そ物の其れ既に視る所、則ち当《まさ》に有と曰うべし、其の未だ視ざる所は恐らく有無を論ず可からず。

高論は称す、常に異とするは、世の愚夫と愚婦とは彝倫《いりん》*の道を以て之を語るに、則ち蒙乎として解する能わざるなり。而るに浄土の説に至りては、則ち断然信じて疑わざるなり、と。妄窃かに以為らく、儒は口を開かば則ち仁義を説き、仏は口を開かば則ち利益《りやく》を説く。仏の入り易きは愚夫と愚婦也。蓋し亦た小人利に於いて喩《さと》ること有らんか。

高論は称す、書廢《すた》ると雖も道廢れず、と。妄窃かに以為らく、道固より廢れず。而るに書廢るれば則ち教え廢れ、後世以て道を聞く由無き也。昔人の所謂尽《ことごと》く書を信ぜざるは、亦た書無きに如かずとは、君の謂也。高論は称す、是の教えを領《さと》りて、殊に欣抃《きんべん》する者あり、云々、後世其れ危うい乎《かな》と。妄窃かに以為らく、此の言恐らくは嘲りに似る。其の中愚小愚と謂うに至りては、恐らく牽強《けんきょう》に似る。以上数條、叨《みだり》に高明を黷《けが》す。多罪多罪。伏して原恕*を冀う。

請う、試みに鄙懐を陳べ、併せて教えを待つ。願わくは多言を恕《ゆる》せ。蓋《けだ》し天理は一なるのみ。人此に有りて、同じく円月を望む、或は曰く明鏡の如しと、或は曰く玉盤の如しと。言異同有りと雖も、指す所は則ち一つ也。先王*の教えを立つるは固より純粋にして、諸子百家の言は各々得失あり。而して其の帰する所を要《もと》むれば一理の磅礴《ほうはく》*する所のみ。

仏説と儒道とは合わざるも、亦た豈に果して氷炭霄壌《ひょうたんしょうじょう》の如きか。儒釈《じゅしゃく》*の流は互いに其の書を読み、而して各々固執する所あり。故に能く心胸を虚しくして、以て其の奥を窮むる者或いは鮮《すくな》し。

君が程朱《ていしゅ》*諸公の説を奉ずるは当《あた》れり。然りと雖も柳子厚《りゅうしこう》*、蘇子瞻《そしせん》*も亦た一代の名家なり。妾は聞く、此の輩未だ全くは仏を斥けずと。是れ豈に浄土《じょうど》を欣求《ごんぐ》*するか、将《は》た地獄を怖畏せんとするか。蓋《けだ》し亦た仏を以て聖道に合う者となすか。妾が家世々天台宗*に属す。台祖*嘗て法華*に依り、一念三千の法門*を説く。妾幼時に之を聞くを得たり。纔《わずか》に一二を記す。此の言理有るに似たり。而して妾下愚にして未だ其の理を明証する能わざるなり。仏は極重の悪人、他の法便*無し、唯だ弥陀に願えば即ち往生を得と説くは、妾未だ解せざるなり。唯だ窃かに謂《おも》えらく、天道は至誠にして妄《みだ》れ無しと。垂象布化《すいしょうふけ》*、古今毫髪《ごうはつ》も謬《あやま》らず。細かに物理を推せば、いわゆる報応*は無かる可からず。既に報応有れば、則ち前生後生の説果《つい》に無きを保つ可からず。但し未だ確然と徴*すべきを見ず。故に未だ其の有るを的知する能わざるのみ。他無し。死するの日火の如く滅して則ち已《や》む。死に如《も》し知る有らば、則ち機に応じ就《すなわ》ち其の報に依りて可也。

聖人曰く、天道は福善禍淫*なりと。而して古今の跡未だ必ずしも福善禍淫ならず。而れども善は自ずから善、悪は自ずから悪、昭昭として見る可きなり。闕疑慎行《けつぎしんこう》其の余《よ》に如かず*。妾之を能くすと曰うに非ず、唯だ其の志の帰嚮《ききょう》する所此の如くなり。嗚呼、妾の区区たるや、平常、至眇《しびょう》の蟲蟻《ちゅうぎ》と雖も敢えて践《ふ》まざる也。是れ報応を畏るるに非ずして然る也。其の意以為らく、凡そ血気*有る者にして生を好まざるなく、又た痛楚*を知らざるなし。故に忍びざる也。其の痴《ち》此の如し。

妾夙《つと》に心疾に罹り、書を作らんと欲する毎に、闕誤紙に満つ。之が為に或いは頻りに改写す。加うるに塵務の紛冗《ふんじょう》を以て、言を尽くす能わず。若し幸いに教えらるれば、面諭《めんゆ》奉りて可なり。冗言左右を煩わす。謝謝、不悉

＊**上人界雄**―不詳　＊**林公**―江戸幕府の儒官として、羅山以来、代々昌平黌を主宰してきた林氏。三木竹臺が昌平校で学んだ期間は短かった　＊**二竪**―不治の病気・病魔のたとえ。晋の景公が病気になり、夢に病気が二人の子供になって、医者が治療出来ない所に隠れたという故事による。病膏肓に入ると同意　＊**金玉之音**―優れた詩歌、文章、音楽をたとえて、金玉之声という　＊**評騭**―批評して品定めする　＊**孔子告曾子曰……**―『孝経』に「生には則ち親、之を安んじ、祭には則ち鬼之を享く」とあるのによる。鬼とはこの場合死者の魂、祖先の霊をさす　＊**彜倫**―人の守るべき常の道　＊**原恕**―原も恕も赦すの意あり　＊**先王**―古の立派な聖王たち　＊**磅礴**―広く行きわたるさま　＊**儒釈**―儒道と仏教　＊**程朱**―宋代の学者程明道《ていめいどう》・程伊川《ていいせん》・朱熹《しゅき》を合わせていう。従来の儒学の経典の解釈に哲学的な基礎づけをしようとした　＊**柳子厚**―柳宗

元。唐の文人、政治家。唐宋八大家のひとり。韓愈とともに古文復興を提唱した　**＊蘇子瞻**—蘇軾。宋の文豪、唐宋八大家のひとり。蘇東坡の号で広く知られる。弟の蘇轍《そてつ》とともに大蘇小蘇と称された。著作は多く、その作「前・後赤壁賦」は殊に有名　**＊欣求浄土**—心から喜んで浄土に往生することを願うこと　**＊天台宗**—仏教宗派の一。鑑真が最初に日本にもたらした。次に最澄が入唐して学び、帰朝して比叡山延暦寺を中心にこれを広めた。日本の天台宗は総合的な学風を持つ　**＊台祖**—わが祖父。台はわれの意　**＊法華**—天台宗のこと。法華経を拠り所とする　**＊一念三千之法門**—人の日常心（一念）に宇宙存在のすべてのあり方（三千）が含まれるという教え、天台宗・日蓮宗の究極的真理とされる　**＊法便**—方便。衆生を教え導く巧みな手段。目的のために利用する便宜の手段　**＊垂象布化**—垂象は天が地上に現す種々の現象。布化は教化をほどこす意　**＊報応**—行為の善悪に応じて吉凶禍福の報いを受けるという仏教の考え方　**＊徴**—しるし、証し　**＊福善禍淫**—良い人に幸いがきて、やりたい放題の人に災いがおこること　**＊闕疑慎行其の余に如かず**—『論語』為政篇に「子曰く、多くを聞きて疑わしきを闕《か》き、慎みて其の余を言えば、則ち尤《とが》め寡《すく》なし、多くを見て殆《あや》うきを闕き、慎みてその余を行えば、則ち悔い寡なし」とあるのによる　**＊血気**—生命、生気、血と息　**＊痛楚**—ひどい痛み、苦しみ

⑥中川立達に贈る手紙

先頃は有難くもお訪ね下さいましたのに、たまたま雑事に取り紛れ、御傍にいてお教えを聞く暇もございませんでした。まことに残念に恨めしく存じました。貧しい厨には鶏や黍《きび》など客をもてなす用意に乏しく、またお前で御用をつとめる一人の召使さえおりません。お訪ね下さる度に、何時も空しく残念な思いを抱きます。

私が窃かに貴君のお人柄を見るに、其の両親を親として尊び、まことに優しく、温かくよく受けいれ、人としての道を正しく守って財物や利益に物惜しみなさいません。私は窃かにこれをよしと思います。どうしていい加減に口先だけで言いましょうか。嘗て観たことが有ったからです。ちょうどわが父が夫と話していた時、貴君はわが父に仰しゃいました。「貴方はわが父の友人です。私がどうして之れを疎かにしましょうか、忠卿はわが従弟です。わが祖父から視れば、どちらも同じ孫です、どうして之れを助けないでいられましょうか」と。私は深く其の心を感じ、胸にはっきりと覚えております。

頭を垂れて思うに、先君楊園先生は儒医として聞こえたお方でした。貴君も亦た其の遺風を継ぎ、人の子として愧じないと謂う可きです。私の才は朽木にも愧ずかしく、身体は鬱病にかかり、生涯一廃人でしかありません。自分で余命を推量するに、そう長く保つことはできません。

近頃、あることにかこつけて、自分で書いたものがあります。別紙に書き写して進呈いたします。どうか一度ご覧下さるようにお願いいたします。私はもともと文章や言葉になれていません。其の文は語を成さず、ましてや文体をなしていません。其の言葉の拙く洗練されていないことに、どうして赤面せずにいられましょうか。どうかお笑いになりませんように。その上言葉には貴君に逆らうものがあるかも知れません。そう言いましても此の一篇は直に私の真心を残すことなく表したものです。記した事は確実であって、良いことも悪いことも隠してはおりません。それもまた愉快ではありませんか。どうか寛大にお恕し願います。私はもう言うことを申し上げてしまい、日ごろの思いを陳べました。また不審に思われることはないかと深く恐れ、それ故にもう一言申し上げます。私は以前感ずる所が有り、詩を作り、神様に問いただして曰いました。

秋の霜が私の堅い志を磨き　その光は刃のようです
世間の心なき人々がどうして私を冒すことができるでしょうか
寧ろ水火兵刃を踏むようなことがあっても
最後までその志を変えることはしない者です。
お手紙を恐れながら認めましたが、もうこれ以上は申しません。　　謹白

＊**編者注**―この手紙は、中川立達の言葉にあるように、小鶴の父義輔と夫至が何事か言い合っていた事を記している。二人は性格的に合わなかったようだ。やがて至は義輔に離縁されて、松岡家を去ることになる

贈中川立達書

曩辱寵臨。適碍世故。不遑侍清誨。悵恨何極。寒厨常乏鶏黍之設。又無一介之使令於前。毎蒙過訪。空抱憾念。妾窃見公之為人。親其親而温柔能容。義其義而不悋財利。妾窃取之。豈徒言之。有所嘗観也。方吾先考与良人有言也。公謂先考曰。君吾父執也。我豈簡之哉。忠卿吾従弟也。自吾祖父視之。則均是孫也。豈不済之乎。妾深感其意。耿耿於寸衷。伏惟先君楊園先生以儒医聞。公亦踵其遺風。可謂不愧于為人子矣。妾才愧朽木。躬嬰鬱病。生涯一廃人耳。自量余命不能保久。頃有托事自記者。別紙録進。冀一賜覧。妾固不嫺于文辞。其文不成語。况成体乎。其言鄙拙。愧赧何堪。幸勿胡盧。且語或有犯公者。雖然此篇直吐丹心。無復余蘊。記事確実。可否無所隠。不亦快乎。請幸寛恕。妾已陳上言。敢致素懐。亦深恐嫌疑之際。故更呈一言。妾嘗有所感。作詩質神明曰。秋霜磨操光如刃。世上衆魔安得干。寧踏水火兵刃。終不易其操者也。臨紙惶悚不敢再啓。謹白

中川立達＊に贈る書

曩《さき》に龍臨《りゅうりん》＊を辱くし、適々《たまたま》世故に碍《さえぎ》られて、清誨に侍するに遑《いとま》あらず、悵恨何ぞ極まらん。寒厨《かんちゅう》常に鶏黍《けいしょ》の設け＊に乏しく、又た一介の使令も前になし。過訪を蒙る毎《ごと》に空しく憾念を抱く。

妾窃かに公の人となりを見るに、其の親を親として温柔能く容れ、其の義を義として財利に恪《おし》まず。妾窃かに之れを取る。豈に徒《ただ》に之を言うのみならんや、嘗て観る所有る也。方《まさ》に吾が先考良人と言ふこと有るや、公は先考に謂いて曰く、「君は吾が父執《ふしゅう》＊也、我れ豈に之を簡《おろそ》かにせんや、忠卿＊は吾が従弟也、吾が祖父より之れを視れば、則ち均しく是れ孫也。豈に之れを済《たす》けざらんや」と。妾深く其の意を感じ、寸衷《すんちゅう》に耿耿《こうこう》たり。伏して惟《おも》うに、先君楊園先生＊儒医を以て聞こゆ、公も亦た其の遺風を踵《つ》ぐ。人の子たるに愧じずと謂う可し。妾の才朽木に愧じ、躬《み》は鬱病を嬰《お》び、生涯一廃人たるのみ。自ら余命を量《はか》るに、久しきを保つ能わず。頃《このころ》事に托して自ら記すこと有り、別紙録して進ず。冀わくは一たび覧を賜らんことを。妾固より文辞に嫻《な》れず、其の文語を成さず、況や体を成すをや。其の言鄙拙、愧赧《きたん》何ぞ堪えん。幸いに胡盧《ころ》＊する勿れ、且つ語に或いは公に犯《さから》うもの有らん。然りと雖も此の篇直《ただ》丹心を吐き、復た余蘊無し。記事確実にして、可否隠す所無し。亦た快ならず乎。請う幸いに寛恕せよ。妾已に上言を陳べ、敢えて素懐《そかい》＊を致す。亦た深く嫌疑の際を恐れ、故に更に一言を呈す。妾嘗て感ずる所有り、詩を作り、神明に質《ただ》して曰く。

秋霜操を磨し　光　刃の如し
世上の衆魔　安《いず》くんぞ干《おか》すを得ん
寧《むし》ろ水火兵刃を踏むとも
終に其の操を易《か》えざる者也。

紙に臨み、惶悚《こうしょう》、敢えて再啓せず。謹白

***中川立達**―医師で、小鶴の父松岡義輔（左仲）の友人の息子、小鶴の別れた夫中川至の従兄であることが、書簡中に記されている　***龍臨**―臨は目上の人が目下の者の所を訪れることをいう、更に龍を付して敬意を表している　***鶏黍の設け**―鶏を殺し黍を炊いて客をもてなすこと（『論語』「微子」による）、人を心からもてなす事を言う　***父執**―父の友人、執は志を同じくする人を指す　***忠卿**―小鶴の夫中川至の号　***先君楊園先生**―中川立達の父　***胡盧**―笑うさま　***素懐**―日頃の思い

⑦正墻適處《しょうがきてきしょ》に贈る手紙

昨年の暮れに、わが子文に言い付けて、私めに拙い詩を写して差し出すようにとお命じになりました。私はこれを聞きまして赤面しないではいられません。私は平凡な役立たずです。未だ一度も学んだことはなく、才は朽ち木同然で、知識は井の中の蛙同様の世間知らずです。偶々情がわき止まぬと、ある時はよく考えもせずに筆をとって書きつけます。文章はきちんとした言葉を成さず、字は死んだ蛇のようにのたくっています。どうして賢明な貴君に取り上げて問題にしていただくなど望みましょうか。私は至って愚か者でありますが、どうして詩を公開することが出来るでしょうか。敢えて辞退申します。

あなた様はわが子文に対してとても良くして下さると聞きました。なんと光栄なことでしょう。ちっぽけな私が御恩に報いることができないのを慚じ、謹んで茲におわび申します。時候は春寒の頃、御自愛なさることを伏してお願い申します。　不恭

＊**編者注**―この手紙は適處が姫路にいた嘉永二年から六年までに書かれたものであろう。このように小鶴の詩文の才は姫路までかなり知られていた

贈正墻適處書

旧臘下旬。附豚児文。命賤妾以録呈野詩。妾聞此命。愧赧何堪。妾也碌碌。未嘗学。才均朽木。識同井蛙。偶遇情之不可已。或漫然下筆。文不成語。字類死蛇。奚望高明之歯及。妾雖至愚。豈敢公然為之哉。敢辞。聞足下於文。過辱知愛。曷勝栄荷。慚無涓埃以報徳。謹茲謝。時春寒。伏冀自珍。不恭

正墻適處《しょうがきてきしょ》に贈る書*

舊臘《きゅうろう》下旬、豚児文に付して、賤妾に命ずるに野詩を録呈することを以てす。妾此の命を聞きて、愧赧《きたん》何ぞ堪えん。妾也碌碌《ろくろく》*たり。未だ嘗て学ばず、才は朽木に均《ひと》しく、識は井蛙《せいあ》に同じ。偶々情の已《や》む可からざるに遇《あ》いて、或いは漫然と筆を下す。文は語を成さず、字は死蛇に類す。奚《なん》ぞ高明の歯及*を望まんや。妾至愚なりと雖も、豈に敢えて公然と之れを為さん哉。敢えて辞す。

足下《そくか》*の文に知愛を過《はなは》だ辱くすと聞く。曷《なん》ぞ栄荷に勝《た》えん。涓埃《けんあい》*の以て徳に報ずる無きを慚じ、謹んで茲に謝す。時に春寒、伏して自珍を冀う。不恭。

***正墻適處**―鳥取藩儒者。（一八一八～七六）鳥取藩医正墻泰庵の長男。名は新蔵のち薫、号は

朝華、適處。大坂の藤沢東畡、篠崎小竹、江戸の佐藤一斎に学び、弘化二年昌平黌に入学。嘉永二年より姫路仁寿山黌に招かれる。のち嘉永六年より鳥取藩儒となる。小鶴の息子文は弘化二年頃仁寿山黌に入り、まもなく藩校好古堂に入っているので、直接の師弟では無くとも、何らかの交流があったと思われる。また三木竹臺とは親交を結んだ　**＊碌碌**―平凡で役立たずなさま　**＊歯及**―言及すること　**＊足下**―人に対する敬称、あなた、貴下　**＊涓埃**―涓はしずく、水滴。埃はほこり。極めて小さいもののたとえ

⑧竹臺に贈る手紙

私は再拝して申します。私は以前にお願いしたいことがありました。世事に紛れてのびのびになり果しませんでした。私は有難くも貴君の知人となって幾年にもなります。未だ嘗て貴君に隠しごとをしたことはありませんでした。私は嘗て或る村道を通り過ぎるとき、偶々小さな木の札に仮名数行を書き付けたものを見ました。それをよくよく視ますと、貴君の筆跡でした。そこでこれを読んで、通り過ぎました。其の文は曰っています「余はこの頃歯痛を患った。家人（妻）はその為にこれを隠岐阿古奈の地蔵尊に祷った。そして誓って曰うに、病が癒えたら直にお札を掲げてその霊感を示しましょうと。そしてもう患っていた所は消えたようだ。四方

の同病の人はそれを蔑視してはいけない」と。私はここに於いて戸惑い無しにはいられませんでした。

頭を垂れて思いますに、貴君は早くから心を儒教に留めて程朱《ていしゅ》の学を固く守り、世塵より独立し、世俗の習いを睨みつけておいででした。釈尊の教えについても、でたらめであるとして排斥なさっていました。嘗て曰われました、仏教の言葉だけではなく、凡そ奇怪なることを聞くと、自分は聾者のようになると。また以前に私と死者に知覚が有るか無いかについて議論したこともありました。田舎者の私の考えを申しました、祭りをきちんとすると先祖の霊が之を享けると、これは孔子の言葉です、しかし私は未だ能くこれに同意することが出来ず、唯だ謹んで疑いを抱いているだけです、と。すると貴君は諭して謂われました、突如として根の無い所から生まれ、死んだらきっぱりとその迹は何も無い、といわれようか。未だ生まれない前は、唯だ天地陰陽の二気と木火土金水の五行があるだけだ、そしてもう死んでしまった後は亦た唯だ陰陽五行があるだけだ、と。又た曰われました、祭れば則ち先祖の霊が之を享けるとは、自分自身の真心が、天地二気の霊と互いに感じ合い通じ合うだけだ、と。

私は未だ嘗て一度も仏教の教えを知ろうとしたことはありません。その上性質が愚かで鈍く、度々お教え頂きましたのに、猶お未だ仏を信ずれば成仏できるというのが出鱈目であるという理屈がわかりません。又たそれが果たして信実であるかどうかも分かりません。窃かに貴君の心を推し量りますに、仏をそもそも容認なさらないのに、ましてやその仲間をお認めになりますか。その上かの地蔵なる者は、已に亡くなった人ではありません。貴君の視て奇怪と為し、そして之れを聞けば聾のようになるというものです。貴君の説では、則ち人が死ぬと、水が水に帰るようになると。則ち貴君の病の報痾は三千年前の旧い死者のなしたものではありません。もしも人の霊が窮まり無く儼然として存するなら、菩薩の慈悲もこのようにもたらされるでしょう。そして人々が之を仰ぎ見ることは蟻が羊の肉に群がるようでしょう。それで宜しいのではないでしょうか。私が戸惑い無しにいられないのはこのためです。お教え下さるように伏して乞い願います。そして私に解けぬ疑いの塊が氷のように融ける喜びを味わわせて下されば、則ちそれが幸いです。私は再拝して申します。

＊**編者注**—この手紙は、竹臺が儒者として仏教を排斥しながら、歯痛を地蔵尊に祷って治ったと言っている矛盾を、かなり遠慮なく批判している。また二人の間で頻繁に、死と生の問題を論じ合っていたようだ。一方小鶴の方も、孝経にある孔子の「祭らば則ち鬼之を享く」という言葉に疑いを抱きつつ、仏を信ずれば成仏できるという仏説も否定できず、惹かれているようだ。柳田国男の『先祖の話』を連想した

贈竹臺書

某再拝言。某嚮将有所請。世故紛紛荏苒不果。某辱君之知者有年。未嘗有所隠于君也。某嘗過村路。偶見一小木牌題国字数行者。就而熟視。乃君之手書也。因読之一過。其文曰。余頃患歯痛。家人為祷諸隠州阿古奈之地蔵尊。誓曰。病癒則掲牌示其霊感。既而所患如失。四方同病之人其勿蔑如。某於是不能無惑矣。伏惟君夙留心儒教。遵奉程朱。独立於塵表。睥睨流俗。其於釈氏。排斥以為妄。嘗曰。不唯仏氏之言。凡聞奇怪。我則如聾然。又嘗与某論死者有知与否。鄙意謂。祭則鬼享之。孔子之言也。我未能安於一。唯謹存疑耳。君諭謂。我豈謂突如生於無根。截然死無迹乎哉。未生之前唯陰陽五行。既死之後亦唯陰陽五行。又曰。祭則鬼享之者。自家之誠心。与二気之霊相感応耳。某未嘗窺仏氏之説。且性頑魯。雖屢蒙清誨。猶未達仏果妄誕之理。又未能明其果信実。而窃忖尊意。仏且不容。況其徒乎。且彼地蔵者。已非形化之人。是君之所視以為奇怪。而聞之如聾也。如君之説。則人之死也。猶水之帰水也。則貴恙之報痾。非三千年前旧鬼之所能為也。若夫人霊儼然於無窮。薩陲之慈如此其至。則衆之仰之如蟻慕羶。不亦宜乎。某之不能無惑為此也。伏冀有諭。使某有疑団氷釈之喜。則幸也。某再拝言

竹臺に贈る書

某《それがし》*再拝して言う。某嚮《さき》に将に請う所有らんとす。世故紛々として、荏苒《じんぜん》*果さず。某君の知を辱くすること年有り。未だ嘗て君に隠す所有らざるなり。某嘗て村路を過《よぎ》る。偶々一小木牌*の国字*数行を題するを見る。就きて熟視すれば、乃ち君の手書なり。因って之を読みて一過す。其の文に曰く。余頃《このご》ろ歯痛を患う。家人為に諸《これ》を隠州阿古奈の地蔵尊に祷り、誓いて曰く、病癒ゆれば則ち牌を掲げ其の霊感を示さんと。既にして患う所失するが如し。四方同病の人、其れ蔑如《べつじょ》たること勿《なか》れ、と。某是に於いて惑《まど》い無き能わず。

伏して惟《おも》うに、君夙《つと》に心を儒教に留め、程朱《ていしゅ》*を遵奉し、塵表*より独立して、流俗*を睥睨《へいげい》*す。其れ釈氏に於いて、排斥《はいせき》して以て妄と為す。嘗て曰く、唯だ仏氏の言のみならず、凡そ奇怪を聞かば、我れ則ち聾然たるが如し、と。又た嘗て某《それがし》と死者は知有りと否とを論ず。鄙意に謂う、祭らば則ち鬼《き》之を享《う》くとは、孔子の言也。我れ未だ能く一に安んぜず、唯だ謹んで疑いを存するのみ、と。君諭して謂う、我れ豈に突如として無根より生まれ、截然《せつぜん》*として死して迹なしと謂わんや。未だ生まれざる前は唯だ陰陽五行*あるのみ。既に死しての後も亦た唯だ陰陽五行のみ、と。又た曰う、祭らば則ち鬼之れを享くとは、自家*の誠心と二気の霊と相感応するのみ、と。

某未だ嘗て仏氏の説を窺《うかが》わず。且つ性頑魯にして、しばしば清誨を蒙ると雖も、猶お未だ仏果*妄誕*の理に達せず。又た未だ能く其の果《つい》の信実を明らかにする能わず。而して窃かに尊意を忖《はか》るに、仏すら且つ容れず、況や其の徒《ともがら》をや。且つかの地蔵は、已に形化するの人*に非ず。是れ君の視る所以て奇怪と為し、而して之を聞くに聾の如くなる也。君の説の如きは、則ち人の死するや、猶お水の水に帰るがごとし。則ち貴恙《よう》の報痾*は、三千年前の旧鬼の能く為す所に非ざる也。

若《も》し夫《そ》れ人の霊無窮に儼然たれば、薩陲《さった》*の慈此の如くに其れ至る、則ち衆の之を仰ぐは、蟻の羶《せん》*を慕うが如く、亦た宜しからずや。某の惑い無き能わざるは此れが為なり。伏して諭し有らんことを冀う、某をして疑団《ぎだん》*氷釈《ひょうしゃく》*の喜び有らしめば、則ち幸い也。

某　再拝して言う。

*某—それがし、自分を謙遜して言う一人称代名詞、主に男性が使う場合が多い　*荏苒—物事がのびのびになるさま　*木牌—木の札、文字を書いて示す札　*国字—日本の文字、仮名　*程朱—宋代の学者程子・朱子を指す　*塵表—うわべ、外面、俗世　*流俗—俗世の習い、俗世の人々　*睥睨—にらむ、睨みつけて勢いを示す　*截然—断ち切る、はっきりと区別するさま　*陰陽五行—陰陽は天地の二気。五行は万物の構成要素木火土金水を指す　*自家—自分自身　*仏果—仏の信仰により生まれるよい結果、成仏　*妄誕—でたらめ、いつわり　*形化するの人—亡くなった人　*報痾—病を治してもらったこと　*薩陲—薩埵、菩薩のこと、

仏に次ぐ地位にあり、慈悲心で衆生を救う　＊羶―羊の生肉　＊疑団―解けない疑い　＊氷釈―氷が融ける

跋

この巻こそ、女史がその令息に示す詩文が多数を占めている。その詩を誦し、その文を読んで、それでその人となりを想像するべきである。字句はのびのびとよく意味が通り、趣きは深く広がりがある。読む人を感歎させずにはおかない。ましてその令息はどんなに感動したであろうか。かの竹臺にあてた幾つかの書簡のごときは、議論は正確であり、人の思わぬ考えを言っている。えらそうに顔をあげて、虎の皮に坐っている儒者たちも、恐れをなして引きさがらずにはいられないのではないか。ああ、この巻こそ、誠に儒者たる者のきびしい戒めとなり、人の子を守る盾とも城ともなるものである。

慶応二年九月

富山藩　呉陽　岡田信之がこれを撰した。

跋

此巻也。女史示其令嗣之篇居多矣。誦其詩読其文可以想像其為人也。字句円暢情致深遠。使人感歎自不能已。況於其令嗣乎。若夫贈竹臺諸篇。則議論正確。出人意表。抗顔坐皐比之儒生。亦豈得不避三舎乎。嗚呼此巻也。誠為儒生者之頂針。為人子者之干城。

慶応丙寅暮秋

富山藩　呉陽岡田信之撰

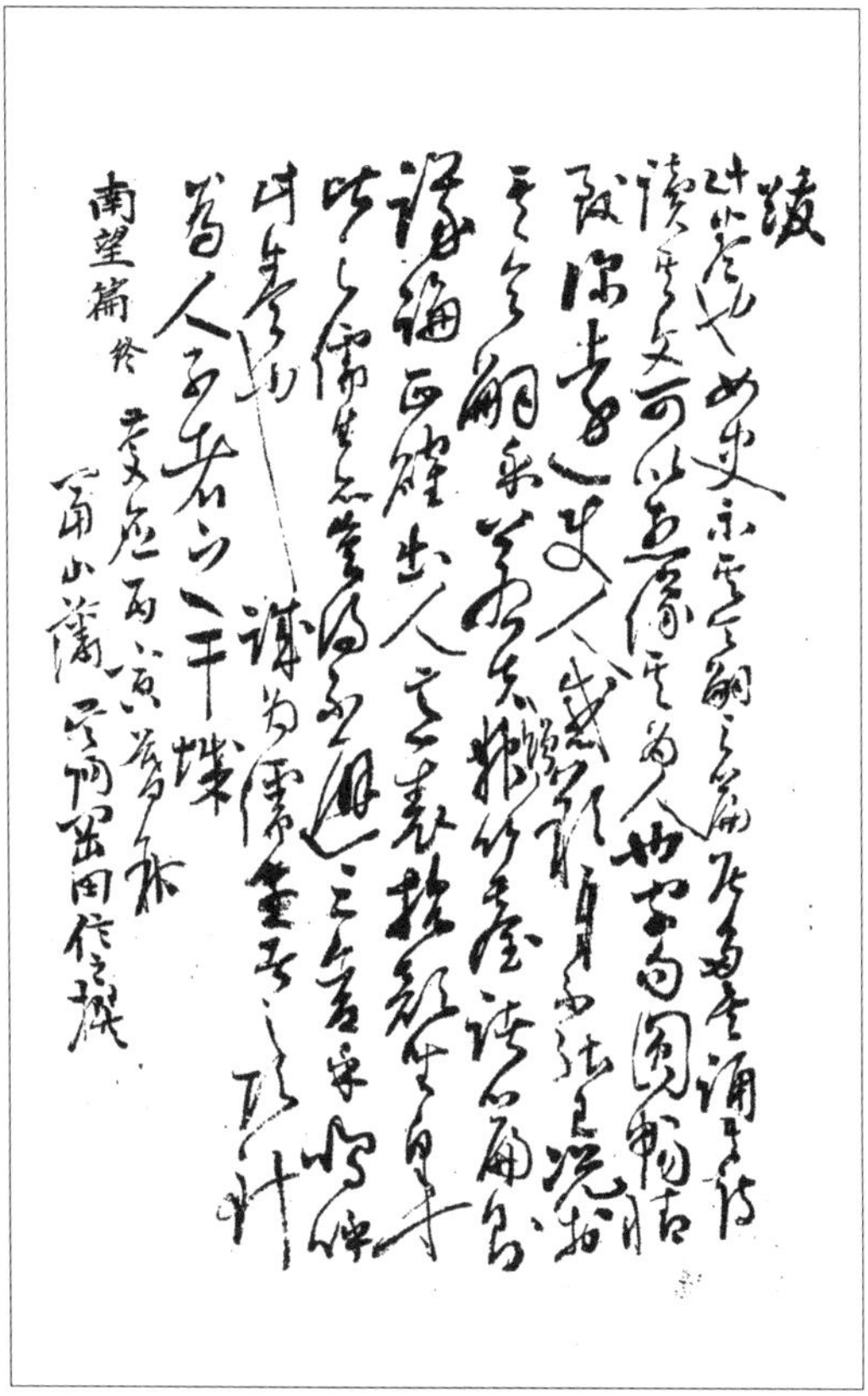
跋

南望篇　終

慶応丙寅暮秋

富山藩　呉陽岡田信之撰

此の巻や、女史其の令嗣《れいし》*に示す篇多きに居り、其の詩を誦し、其の文を読み、以て其の人となりを想像す可き也、字句円暢《えんちょう》*、情致《じょうち》*深遠、人をして感歎自ら已む能はざらしむ、況んや其の令嗣に於いてをや、夫《か》の竹臺に贈る諸篇の若《ごと》きは、則ち議論正確、人の意表*に出《い》ず、顔を抗し*、皐比《こうひ》*に坐するの儒生、亦た豈に三舎を避け*ざるを得んや、ああ、此の巻や、誠に儒生者の頂針*と為り、人の子たる者の干城*と為る。

慶応丙寅*　暮秋*

富山藩　呉陽　岡田信之撰**

*__令嗣__—令息。息子操をさす　*__円暢__—角ばらず、のびのびする。意味がよく通る　*__情致__—おもむき、風情　*__意表__—思いの外、意外　*__抗顔__—顔を上げる。高ぶった顔　*__皐比__—とらの皮。将軍や学者がこれを敷物とする　*__三舎を避く__—相手を恐れ、近づかない　*__頂針__—頂門の一針。頭上に一本の針を刺す。人の急所を押えて、きびしい戒めを加える　*__干城__—タテと城。国家を守るもの　*__丙寅__—ひのえとら。慶応丙寅は二年、一八六六年　*__暮秋__—九月　*__岡田信之__—富山藩士、文政八年生。十九歳から昌平黌に学ぶ。岡田家の養子となり、六十石を嗣ぐ。御馬廻役から横目付、近習に進み、のち藩主師範になる。明治二年、藩政改革にあたる。維新後は師範学校の教師をつとめ、又家塾で教えた。明治十八年没。長男正之は学習院教授をつとめた　*__撰__—詩文を作る、述作する

〈附〉歌二十七首（松岡小鶴作）

若菜

雪はけぬ霞とともにたちいでてあささは小野に若菜つみてむ

柳

かた絲のよりよりなびくあさみどりあさしとな見そ野べの春風

春風

あすふかば若菜つむべくなりぬべしうしとやは見むけふの春風

花

雲雪もいひふるしたりさくらばなあかぬいろ香を何にたとへむ

更衣

ならひぞとはなの袂をすてつれどなほかへまうき夏ごろもかな

菖蒲

雲ゐにもひきはやさるゝあやめ草いはひてふかむ賤がのきばに

七夕

あまの原いくよのつゆの玉どこにときつくさめや年のうらみを

萩

野辺の鹿ふみなあらしそ秋はぎは露ながらこそ見るべかりけれ

鹿

さをしかのかひよと月によぶ声は妻をたのむるかごとなるらむ

落葉

友やとふ木の葉やおつるしばしばも柴の戸叩くよはのつれづれ

霜

さよふけて霜ぞおくなるむら鳥の枯木のねぐらさえとほるらむ

歳暮

くれざらばわかやぐ春もなからましと思ふに年のなほ惜まるゝ

鏡

うちむかふ影ぞやさしきますかがみいくよか花のすがた宿しゝ

劍

ちりひぢをたつかの霜の光みばいづこをおにのかくれがにせむ

父子

かぎりなきめぐみの雨にもれめやは小枝のこのみ本をわするな

師弟

たふとみてあふげ暗路をてらす月かげたどらずばゆきや惑はむ

夫婦

はる風のこゝろのどかにいざなはば柳のいとの身をゆだねてよ

長幼

竹の子のおくれさきだつ一筋はおのづからなるついでなりけり

書

くれ竹のよゝにちりにし言の葉もくちせぬふみの園ぞたのしき

をだまき草の中

文之負笈遊学也書信往来之際意到筆随如蚕吐繭名曰緒環草今略端詞或訳以漢文

文の笈を負いて遊学する也　書信往来の際、意到らば筆随い、蚕の繭を吐く如し、名づけて緒環草と曰う、今端詞を略し、或は訳すに漢文を以てす

発　程

おもふ子を遠くはなちてあしたづは雲ゐにはうつ程をまつなり

久不見児書（久しく児の書を見ず）

ちぎりてしことの葉草はかれぬともかけよなさけの露の玉づさ

己不能事親而望子之孝果何心哉

（己《おのれ》親に事《つか》うる能はずして、子の孝を望むは、果して何の心哉）

つかへよとつゆ頼むべきわれかはとおもへど人を玉にせまほし

子はいかにとおもふ心は海なれやかけともつきぬもしほ草かな

春日以霰餻貽児許（春日、霰餻《せんこう》（＝あられもち）を以て児の許に貽《おく》る）

玉あられそのつぶさにはいはねども我いましめの数ぞとを見よ

はる風のみなみにかよふものならば香をだにやらむ軒のやへ梅

博文*が嵐山風雅といへる詩集を人に借りて見せけるに

あゆまねどけふふみ見けりからぶりに薫るあらしの峯のしら雪

＊博文は操（文）の諱《いみな》

朝露回文

つゝみしをたまとしらつゆはなにだに名はゆづらじとまたをしみつゝ

（『松岡小鶴女史遺稿』より転載）

原典の複写

コレハ牧墨小録さんノ詩文の筆稿にて
侍るを標葉の筆蹟にうつしおきて
おのれに歸りて是又いろ〳〵と
お好物は尋ちて西遊之まめ〳〵く是て
書き表て墨立俳句作附りしより
うつしれて侍るみえにあるハ二三篇
再用のうちや人々傳へて行
成りけり

昇平之久民浴文化上自公卿下至士庶無不有教
已有教之則其俊秀者輩出各境至不可勝数盛也
哉獨婦女資質柔軟加以父母鍾愛不教文藝其所
習不過刺繍紡績之間而已聞有好文者亦不備女
徳是以求其才徳全備者寥々無聞余母松岡氏幼
而慧敏而未有學獨先王父誠齋先生日授生徒者
阿母在傍傾聽久而漸漬遂得婦道之大綱於是乎
欣然服膺終身不忘既而遭過事変誓不再醮教育
豚児者十餘年如一日嗚呼所謂才徳兼備者吾親

於其母見之其樂如何哉其於文辭曰余未曾學况
文辭乎唯至情有不能已姑借此言之耳而其議論
亡大意到筆随有不期工而工者余深恐其久而蕪
沒也加以年已知命日漸耄衰乃自責怠惰稍就原
稿鈔文詩若干首畧加校訂清書一通傳之於家云
安政二年乙卯桐花月　男　文識

詩稿

小鶴女史著

舟行聞子規

滄江渺渺碧空流。耿耿旅魂眠小舟。月落子規啼枕上。一聲驚夢使人愁。

中秋望月

千里無雲夜色晴。中庭露冷緑苔清。今宵燕席望明月。詠賞絃歌何限情。

○少年行

始從將軍攙勇姿抽百夫。鳴弓貫白虎。揮策跨驪駒。
誰識心胸壯。自矜筋骨殊。功名期騎戰。曾不惜斯軀。

擬玉川古歌

酴醾競發玉川頭。影落碧潭金浪浮。玆去吾駒何處
飲。新葩滴露作清流。

草舍偶咏

茅堂南面豁。山色碧雲涯。容膝何求外。縱眸實在玆。
夜簾留月淨。午枕撲風宜。坐愛無窮景。時題一曲詩。

明妃曲

聖約真難改。長離北海潯。紫鬚情豈似。青鳥思何禁。
鶼鴈辭邊地。遷鶯入御林。寧期將玉貌。薄命不如禽。

又次朱韻

白草邊雲遮眼中。曾無齒標動春風。玉階一別君恩絶。深思争能托鴈鴻。

中川君見訪分韻得先

陋巷稀清興。四隣農語傳。勸盃酣案外。揮筆詠燈前。
更覺幽情動。又無俗務牽。今宵若為夕。忘臨玉山邊。

○宮怨回文

蕭蕭奈夜添露樹月摧金。嬌面玉欄下。思遣一曲琴。

憎蚉

三夏汲汲小戰場。蚊軍蝿陣羽扇忙。況逢火龍潑潑勢。炎威縱横不可當。火龍牧蝿雖可憎。避之防之猶有術。最憂粟大狡猾蟲。紅甲利嘴害何盛。終夜蜂起惱我眠。欲捕如電忽周旋。爪鐵尖来心亦疲。攻肩攻胸後又前。輸子機巧防無具。莫邪鉛鈍豈知懼。如何詩人比興日。筆鋒遺彼一不顧。

寄題水竹樓

楼在仁豊野村。楼主石見氏性恭起楼于水竹間以養双親微

題於四方菴半所
以云云　男文識

爵爵幽篁流水濱。峭頭樓就奉尊親。巴、乂、宛、轉、清、漣、淨、介、介、交、加、翠、葉、新、膝下姚、容、應、養、志、眼、前、佳、景、自、娛、神當期壽考雙樓久。秀竹長江共萬春。

丁父艱惠文上人見惠線香及高調一曲次韵以謝

爵陶空消晨又昏。偏欣法雨澍靈魂。賓香供得薰衣上。妙偈吟來淨意根。薄。行。居。憂。慙。噴。子。癡。心。奉。節。護。遺。孫。高情切切無由報。敢述鄙誠書數言。

五日

户户懸新艾。蒲樽醉濁醪。獨醒誰得似。堪仰志風高。

九日旅情 次兒文韵

異鄉逢菊節。客思轉蕭條。籬菊無由摘。故園千里遙。

題畫

月朓連峰碎澗流。兩三精舍隔涯幽。楮端餘墨亦奇事。忽使人心別地遊。

水亭觀螢

黄昏恰好坐江亭。避暑兼憐滿岸螢。落水搖搖光細浪飄風爛爛散明星。嘗為銀燭隨書案。又入金階照畫屏。此物由來堪愛殺。莫論前日腐餘萍。

○誓詩并序

頃日閙或傳余有穢行。乃賦一絕質神明。以證其志。且以自誓。寧以文字鄙拙取嘲於大方。何忍以身之察察。受物之汶汶以忝所生乎。如所不信者。神明其罰之。

莫說人能見肺肝。誰知松柏不凋寒。秋霜磨操光如
及。世上衆魔安得干。

暮夜偶於屋背濕地。見一大蛞蝓。及明又見之。依然不移。意其已死。熟視見其方欵角莞爾賦之。

蛞蝓蛞蝓何無爲。盆大濕土寄生涯。視之無見眼口具。鉤身穤膚委頽尸。腹行終世不滿尺。徐欵纖角欲當誰。形貌質軟觸不堪。液盡槁死何所諉。蛞蝓無言答以臆。曰勿貽我深累之。洪鑪賦我些形氣。人喚神機我焉知。何事人生不滿百。常憂千歲日孜孜。形、質、愈、微、慾、憨、寡。我、性、恬、靜、毫、無私。無私。無私之。德。至。誠。耳。乃。

得與造化相比。意必固我吾無有。行止自然吾不期。吾胸是天誰謂隘。吾體萬物豈不丕。偶爾乘化而歸盡。任彼天命又奚疑。

◎書感

陌頭花飛日暮長。南寺北祠祭會忙。女兒欣躍競新衣。馳逐恰如嬌蝶狂。就中又聞管廟祭。人說諱辰近千歲。荊門禎婦偶有感。默坐追思往世。管神嘗在朝廷時。才識益秀德愈祇。恩波洶湧溢官海。累進速於上山曦。豈圖鴟梟斜高翥。鸞鳥委泥無人助。令嚴勑使驅將去。一身四子離各處。人失一子不可忍。何況骨肉五斷去。泣血仰天天不應。一片氷心誰能恕。金閣雲階昨宵夢。過雁踈鐘欹枕曙。紅粉樓中空垂淚。西窓剪燭誰共與。君不見君子不移又不淄。歲寒方知松柏心。不似李陵有自取。却向漢廷憤怨深。天日曒曒無明罪。猶拜餘香託悲吟。悲吟悵望歸不得。僻土為鬼尠生息。彼蒼冥冥是耶非。當時使人轉眩惑。知道皇天遂不非。怒雷霹靂驚禁闈。電射玉階遍龍衮。奸邪隨覧能免稀。肅心始覺懃悔切。追復本官

謝天威。衆疑渙然如氷解。爾來祠堂處處起。令譽漸
長民悉仰。孩提稚子猶欽美。存日豈必期今榮。無期
亦見君子情。至。德。精。忠。不。緇。磷。亘。矣。千。載。赫。赫。名。

文稿

小鶴女史　著

贈惠文上人書

頃者辱雲章重下。開椷捧讀。伏審道候。起居康寧。忻抃無極。前日叨陳小事。以至煩攺寫。曷勝氷肅。妾固山村之鄙婦。終日汲汲於饋食之事。不遑把卷帙。唯先人授弟子之餘音。聊在耳而已。豈望以燕雀儔鸞鳳哉。褻被而賜尊閱。芳意懇到。不能報謝。強賡玉韵。夫猶得非僭踰乎。況以鹵莽之言卒瀆高明。今座下歷峯明徵以諭。昏昧茲豁。多罪無由贖。然座下幸不遐棄。加賜新篇。清粹妙句。特蒙眷注。感謝不已。唯赧然自愧。嘉歎無當。雖不能無嫌於褻護。庶幾敢述寸心。虔修蕪牘。上復。惟時春寒猶力。仰願自珍。不恭

贈三木竹臺書

前日所瀆覽蕪牘及戲談蒙求。昨蒙投還。即照收。且華柬諄諄。曷堪感荷。豚兒固不才。且未學。如此著亦知謬妄不爲不多。幸不棄擲。過蒙嘉奬。兒豈能當之乎。又教以加一夕三遷之字。厚眷何深。妾初令兒使

以中元前帰省。昨有族人以事取路安田者。告妾欲促児同帰。妾倉卒許之。既而自悔其延至中元後。則癈学之日居多。而徃者不可追也。計帰在今明。将趨拝聞清誨。又来諭評蕪牘曰。文中間用儷語。未知是非。妾固不敏。不解一文義。且有三不能。貧賤而乏書籍。婦女而無師友。又加以欝病而心志不了了。嗚呼何足共論文之巧拙。雖然他日若奉教誨。則欣幸何量。来諭又以為一篇之趣意可感。是妾之所以深欝芳情也。妾孤懐欝悶。四顧無訴。如偶有来客。或一誦平生所作。則唯誦曰妙妙。咄是何言共是何言共。妾之固陋已如前説。豈是賞文辭乎。唯君能有察微志之所在而已。昔妾以答僧患文之作。敢瀆尊覽。君曰。其情篤實。後聯最可取。如文之巧拙不必問也。方此時也。君未弱冠。而其能恕人有踰老成人者矣。時妾竊知君之卓絶。敢竊當知己。請幸勿尤其僭踰。唯妾平生未嘗作虚飾語。如告神明者。是妾也。君請察焉。昨罷賜遠産嘉貺。妾既寡居。誰適為容。豈用此脩容之具之為哉。雖然卻之不恭。敢登受。萬恐嫌疑。不敢

盡言。謹白

上角田先生書

鄙婦某頓首再拜謹白。賤妾竊察。凡志操無許者。莫不發於詞藻。而其言必切。其文必實。屈子之辭班嬙之歌可以観矣。雖賢愚有霄壌之異。原其情則同矣。今賤妾孤影煢々。鬱悶滿襟。動陳冗言以黷高明。伏冀勿録罪。賤妾嘗約先考。護養稚孩以至今日。常望其成全人。以継先考。先考名勇。幼甚好讀書。偸閑耽讀。毎忘寢食。蚤歳有意於以儒樹門戸。阻撓不果。業醫于鄉里。性謙素少文。當亡祖之時大破産。田宅悉沒。家無擔石之儲。而澹然無所營。是以世路益屯。落托不得意以沒。今文也登得識韓。顧注備至。過蒙揄揚。賤妾何敢比之。他日幸能兼唱儒業。則是能継先考之志者也。如賤妾則事親不能盡已。奉夫不能遂禮。乃充區區之蘋操。至使親不安餘年。假令文也顯達。賤妾何敢望供養之美哉。文而一朝起家乎。賤妾夕死亦何憾矣。賤妾歴觀古今。篤行出於智利之外者。覺其馨如蘭。人非木石。賤妾豈不深荷左右不測之恩我。惟恐小覩懦志不進。不得無瀆大方之明。賤妾之所憂是而已。方文之歸首在側也。賤妾痛戒其憐惜。文則曰不敢憐。賤妾未必信彼之言也。伏望左右。若得順鴻。則幸報以消息。是所敢請也。叨侍高眷。直陳寸衷。惟願海涵。臨楮不任悚慄之至。頓首再拜敬白。

復竹堂書

勞緘縷縷。特覺顧眄之厚。野稿蒙賜還。即照收。妾平日孤影無所依。每懷鬱悶。或欲質神明。神明默默不

答。因唯直攄巳之丹心。以樂致於君子。所以不憚謗
陋瀆高明也。君幸不遐棄。竭兩端而見示。感銘不已。
若夫不如父與夫。則固所不待命。且家之書籍加之
文也遊學齋書。日用浅近之書。猶不能具諸坐右。是
所以益粗陋也。君乃或比孟母之遺風。或以為兼文
貧。則不敢當。則來書所謂愧汗盜背者乃在妾身也。
若夫以妾聞君之拜佛誦經而喜之見詰闕。則不能
無少陳。妾下愚雖不足以知君。嘗見盛著。是以竊知
君之立意。妾須弔尊族之喪。會見君之拜佛誦經意

竊以為君為之者。意在不遷俗。豈其先輩與村人偕百萬遍之意乎。既退。莞爾謂人曰。三木君猶為之乎。何習熟之至。人或聞之以告君。以此言耳。以告者憚言妾笑君之所為。以喜代笑耳。其笑也非嘲笑。一時之戲笑也已。請幸勿尤。

○○贈竹臺書

頃日蒙示貴稿。開卷伏讀。即所與上人界雄者贈答書凡六章也。君才識超絕。以當林公。林公乃得無少屈乎。妾性頑愚。加二豎入心。君不以癃疾之故遐棄也。幸得共聞金玉之音。且諭以直加評騭。嗚呼以妄之至陋。而何敢汙貴稿哉。唯平素荷眷注。不敢蔽鄙衷。摘高論中所不能無疑者。且加妄見。録于左以待教。貴稿謹璧。験収是祈。高論稱。其既死也猶未生。妄窃以為如是則死者全無知也。孔子告曾子曰。祭則鬼享之。妄未能無疑焉。唯謹存疑而已。高論稱。既不能保果無。則謂之有亦可。不能保其果有。則謂之無亦可。妄窃以為是論恐不然。凡物未詳其有無。則不可得云必有必無也。高論稱。耳之聴也虚。目之視也實。妄窃以為目之視也固實矣。然凡物其所既視。則當曰有。其所未視。恐不可論有無。高論稱。常異世之愚夫愚婦。語之以彝倫之道。則蒙乎不能解。而至浮土之說。則斷然信不疑焉。妄窃以為。儒開口則說仁義。佛開口則說利益。佛之易入愚夫愚婦也。蓋亦有小人喻於利者矣。高論稱。書雖廢道不廢。妄窃以為道固不廢。而書廢則教廢。後世無由以聞道也。昔人所謂。盡不信書。亦不如無書者。君之謂也。高論稱。領是教殊有欣忭者。云云。後世其危乎。妄窃以為此言

恐似嘲。至其謂中愚小愚。恐似牽強。以上數條叨黷
高明。多罪多罪。伏冀原恕。請試陳鄙懷。并待教。願恕
多言。蓋天理一而已。有人於此。同望圓月。或曰如明
鏡。或曰如玉盤。雖言有異同。所指則一也。先王之立
教固純粹。諸子百家之言各有得失。而要其所歸。一
理之所磅礴而已。佛說與儒道不合。亦豈果如氷炭
胥壞哉。儒釈之流互讀其書。而各有所固執。故能虛
心胸。以窮其奥者或鮮矣。君奉程朱諸公之說當矣。
雖然。柳子厚蘇子瞻亦一代之名家。妄聞此輩未全

作佛。是豈欣求淨土乎。將怖畏地獄乎。蓋亦以佛為合聖道者乎。妾家世屬天台宗。台祖嘗依法華說一念三千之法門。妾幼時得聞之。總記一二。此言似有理。而妾下愚未能明證其理也。佛說極重惡人無他法便。唯願彌陀。即得往生者妾未解也。唯竊謂天道至誠無妄。無象有化。古今不謬毫髮。細推物理。所謂報應者不可無矣。既有報應。則前生後生之說不可保果無矣。但未見確然可徵。故未能的知其有耳。無他。死之日如火滅則已。死如有知。則應機就其依報可也。聖人曰。天道福善禍淫。而古今之跡未必福善禍淫。然而善自善。悪自悪。昭昭乎可見也。不如闕疑慎行其餘。妾非曰能之。唯其志之所歸嚮如此。嗚呼妾之區區也。平常雖至眇之蟲蟻不敢踐也。是非畏報應而然也。其意以為凡有血氣者莫不好生。又莫不知痛楚。故不忍也。其癡如此。妾夙罹心疾。每欲作書。閲誤滿紙。為之或頻改寫。加以塵務之紛冗。不能盡言。若幸見教。奉面諭可也。冗言煩左右。謝謝不悉。

贈中川立達書

曩辱寵臨。適碍世故。不遑侍清誨。悵悵何極。寒廚常
乏雞黍之設。又無一介之使令於前。每蒙過訪。空抱
憾念。妾窃見公之為人。親其親而温柔能容。義其義
而不恡財利。妾窃取之。豈徒言之有所嘗覩也。方吾
先考與良人有言也。公謂先考曰。君吾父執也。我豈
簡之哉。忠卿吾從弟也。自吾祖父視之。則均是孫也。
豈不濟之乎。妾深感其意。耿耿於寸衷。伏惟先君楊
園先生以儒醫聞。公亦踵其遺風。可謂不愧于為人
子矣。妾才愧朽木。躬嬰斛病。生涯一廢人耳。自量餘

命不能保久。須有托事自記者。別紙錄進。冀一賜覽。
妾固不嫻于文詩。其文不成語。況成體乎。其言鄙拙。
愧赧何堪。幸勿胡盧。且語或有托公者。雖然此篇直
吐丹心。無復餘蘊。記事確實。可否無所隱。不亦快乎。
請幸寬恕。妾已陳上言。敢致素懷。亦深恐嫌疑之際。
故更呈一言。妾嘗有所感。作詩質神明曰。秋霜磨揉
光如刄。世上衆魔安得干。寧踏水火兵刄。終不易其
操者也。臨紙惶悚。不敢再啓。謹白

贈正墻適處書

舊臘下旬。附豚兒文。命賤妾以録呈野詩。妾聞此命。愧赧何堪。妾也碌碌。未嘗學才均朽木。識同井蛙。偶過情之不可已。或漫然下筆。文不成語。字類死蛇。奚望高明之齒及。妾雖至愚。豈敢公然為之哉。敢辭聞足下於文。過辱知愛。曷勝栄荷。慚無涓埃以報德。謹茲謝。時春寒。伏冀自珍。不恭

贈竹堇書

某再拜言。某竊將有所請。世故紛紛荏苒不果。某辱君之知者有年。未嘗有所隱于君也。某嘗過村路。偶

見一小木牌題國字數行者。就而熟視。乃君之手書

也。因読之一過。其文曰。余頃患齒痛。家人為禱諸隱

州阿古奈之地藏尊。誓曰。病癒則掲牌示其灵感。既

而所患如失。四方同病之人。其勿茂。如某於是不能

無惑矣。伏惟君夙留心儒教。遵奉程朱。擢立於塵表。

睥睨流俗。其於釈氏。排斥以為妄。嘗曰。不唯佛氏之

言。凡聞奇怪。我則如聾然。又嘗與某論死者有知與

否。斷意謂。祭則鬼享之。孔子之言也。我未能安於一。

唯謹存疑耳。君諭謂。我豈謂突如生於無根。截然死

無迹乎哉。未生之前唯陰陽五行。既死之後亦唯陰陽五行。又曰。祭則鬼享之者。自家之誠心與二氣之靈相感應耳。某未嘗窺佛氏之説。且性頑魯。雖屢蒙清誨。猶未達佛果妄誕之理。又未能明其果信實。而竊忖尊意。佛且不容。況其徒乎。且彼地藏者。已非形化之人。是居之所視以為奇恠。而聞之如聾也。如愚之説。則人之死也。猶水之歸水也。則貴善之報濟。悪三千年前舊鬼之所能為也。若夫人靈儼然於無竆。薩陰之慈如此其至。則衆之仰之如蟻慕羶。不亦宜

乎甚之不能無惑為此也。伏冀有諭。使某有疑團氷
釋之喜。則幸也。某再拜言

南望篇

女史以多病之軀而能鮮讀書屬文辭源也丈夫又幸無疾病而蒙昧謭陋真可媿也矣

自序

余稟受薄弱。年十三偶遇疾病。遂不全愈。以至十六七歲。疾益加。其症四肢倦怠心下痞悶。或冒眩。或健忘心志昏迷。思慮鬱結。無所不至。對人叙寒暖。猶且不能爲大自憂之。且自愧。鬱々潛伏。潛伏愈鬱。常不見人者七八年。灸藥不奏功。中止服藥。及過嫁期。其疾自失者十居七。然諸症未全除。心身猶多所苦。偶對卷帙。昏倦不堪久讀。對人臨事之際。或惘然失序。遂不能為全人。自以為終身之痛恨。家君生一男二女。尺殤。父母不以褻人遇我。遂迎新人配余以為嗣。後督家事。生一男。名曰文。阿妹嫁人。生一子。後遂夭。其子亦殤。家君之於我良人。未嘗相口角。而其性大不相合。余亦哄良人志風不適。余雖竊恨之自以為婦之於良人。一與之齊。終身不可改者。若意之不合則命耳。以從事者八年。中間母

哄良人志風不適蓋以良人哄家君大不相合也

氏已沒。家君一朝有所憤激。無一言之及余。自決意逐良人。時文甫七歲。良人自責。托書於余以懇請宥之。余奉其書。以陳良人之意志。家君斷然遂不顧。方此時也。余若反覆號泣以求之。則家君憐其情志。或能許之。余不能至此者。實由有所挾。嗚呼夫婦者。義當偕老同穴。死生相共。詩曰。髧彼兩髦。實維我儀。之死矢靡他。如余者可謂悖矣。是余之一巨罪也。每一念至此。未嘗不深自責。」别良人之後。余請家君曰。夫子尭矣。不肖不見二夫。則箕裘一旦將廢。夫子能使不肖充嬪操。則他年或有不可諱之事。不肖必自執刀圭。不廢世業。且教育兒文以繼乃祖。家君允之。自扶衰老再執家業。遂沒於世務之勞。時文甫九歳。」追想奉雙親之日。家素貧。供給或不贍。身常病。勤勞每不至。方其侍疾供養也。内省實有自愧者。加以余性不篤。三年之喪不能

壮歳而負心遠慮如是宜矣清操弗壊家声弗墜以至今也

深之家未全貧而給親或不贍深之躬固無病而奉親或憚労嗚呼深誠巨罪人哉讀至此愧汗透衣矣

女史之居喪未聞有一失而且自責如此所以為女史也矣

讀至此不任哀痛之至嗚呼溪居以喪五旬而公除雖邦制期年之服是亦不得遂焉況三年乎但竊持心喪耳可勝嘆哉

勤苦可想

盡哭泣之哀。求之聖經。如余者謂之何哉。是亦余之一巨罪也。每一念至此。未嘗不慨歎。家君沒之後。余常恐食前言。夙夜不忘。弱質自強。闇張心志。務探諸家之書籍。及家居所手輯之方法。聊求醫事。躬問鄉人之疾病。以僅存世業。旁日孜〻敎《音》兒文。授句讀習書字。時〻風諭人道者三年有奇。嗚呼余既抱二巨罪。不能順於親。不能信於夫。尚何恃區〻之諒哉。孟子曰。不能

文雖幼可与談雅趣是誰之力哉

克尽常人之所不能恐非女史孰能之

三年之喪。而緦小功之察。放飯流歠。而問無齒決。是之謂不知務。如余者豈能免哉。豈能免哉。」今茲甲辰。文甫十三。以二月中旬。從師于安田村。余已氣〻孤寡。唯有一児文。〻雖幼似可共談雅趣者。今又相隔離。彼此地僻。魚雁数絶。於是乎心志無所訴。爵問此鞠。相思無限。乃托幽情於野詩。布丹心於蕪牘。以寄者數四。余固不敏。且早嬰疾。及其少愈也。塵務牽纏。未嘗學文辞。唯以筆代舌耳。文在安田半歳。所寄文詩漸成篇。文之成業。猶有年所。乃作小冊題曰南望篇。将随録之。文成長之後。追想今日。再閲此篇。則庶幾知阿母於子之深情。因悉記平素履歴。以為序云

天保甲辰陽月松岡小鶴撰

尋交

三木深安評多罪

題詞

離別多年涙満襟一封書信抵千金倚門望入
春風遠咬指恨同秋水深弱質能持三世業佳
詩當換百言箴昊天恩渥無由報首々何堪仔
細唫

男文謹識

南望篇

兒文初遊安田村乃寄此書

相別之後風姿每在念。維時春色將闌。寢膳清安否。鄙体無恙。勿煩他慮。茲者熟思之。我自生你於膝下。至你出遊之日。撫育顧復。何時忘之。常共褥而卧。連席而食。未嘗一日共你相離。你之既南也。唯對隣叟之農談。見塾童之嬉戲。黃鳥喈々不共你弄。紅花灼灼後向誰賞。動輙恍惚如你在坐側者。不審你思我之情果如何。雖然你亦男子也。爲碌々於目下之爲

哉。若夫你謹奉夫子之教。得刀圭伎熟。文質相成。懷
璧帰趙。耀之鄉里。則於你如何。我若使你然。則是足
果我所以約先君者。我任畢矣。若夫然。則死何憾哉。
死何憾哉。我與汝庶幾不學他兒女之沾襟也。你其
勉為我。孝子不服闇。不登危。惟慎疾自愛。萬諒察。不
贅。

後兒文

回音来届。如獲珠玉。就見其文翼々爽々。我今日恰
如得為儒生之母者。歡慰何比。唯恐其文出於夫子

之是正者居多。雖然是何傷乎。你已贈我以此言。你豈欺我哉。請必力踐前言。冀強學自重。不盡。

寄兒

尋思追慕滿庭闈。更恨別來幽趣稀。時有嬌花飄竹落。曾無雅客款柴扉。痴情唯識望回雁。鄙念護斯學斷機。使爾辛勤由愛篤。何甘姑息說催歸。

製袷衣寄兒係以一絕

紡績裁衣欲遠投。縫來密々思悠々。多端心緒憑誰寄。托共緯經千萬縷。

寄兒

百花落尽委埃塵。孤歩緑陰誰共親。畦上蝶群何所索。翩々逐繞叱牛人。

警兒

退為猪属進龍機。彼委塵泥此奮飛。一旦能凌雲路去。寒門忽地有光輝。

寄兒書

夫膠漆為参商者在他人。亦猶難忍。況於其子乎。相思綿々無刻不在念。嗚呼焉得諼草。言樹之背。且我

何以自娛。唯願見你學業已成。興衰門。顯祖宗。常企
望之而已。然茲有所聞。聊以警你。頃日门人內海生。
有事歸鄉。尋再遊。莞爾告曰。我家僕伊三郎。嘗詣梅
谷君之门。請治。會令嗣子禮墨流滿面。他日又使一
奴往。及歸亦曰。奉命至梅谷君之塾。偶見孺子之滿
面黥墨。是乃子禮也。我聞之曰。咄。此子無賴。定知其
侍夫子之日亦多失儀度矣。你如何不傳佳譽于鄉
里。乃取嘲笑于異郡之為。你其慎之哉。且你審聞之。
鄙諺曰。蝦蟆初生科斗也。見其涵泳於水中。蜿蜒過

已。自喜曰。吾子龍也。是非我屬。及其既長也。尾中分為腳。乃蝦蟇已。我欲你為龍。你果科斗。共將期為龍者共。唯於此言。請自後之。勿假手於諸君。幸勿以我言為過刻。我唯欲玉女於成耳。惟時暑威將盛。其萬萬自愛。不盡。

寄兒

汝嘗在庭闈。慷慨我常說。兒能抱志遊。何辭千里別。別離一何難。使我摧肺肝。憂思如有失。譬隻鳥斷翰。羽翰若可惜。遂汝時超驛。悵望五内煩。形影歎寂寞。

醫事家素業。閑籍強嘯吟。卓爾先喆語。杼讀聊降心。心事依誰寫。獨坐南窓下。所親不可贍。㷀々守孤寡。孤寡且病生。豈堪久離情。放汝如何意。唯期令大成。成業継祖起。泉下我無恥。非待三牲養。請供連城美。

兒文已辭安田更遊仁寿山久不見来書悵然有此寄

飇河（安田距加古川甚近）舊思在何辺。白鷺城南（姫路城在白鷺山仁寿山係白水大夫采地）作梦還。苦約来書忘了否。猶慳陟岵一封篇。

警兒

六尺觧文猶足言。弱冠如此又誰論。年華似箭唯當
加。莫使陳生動舌根。
千訓萬戒注心肝。獨奈拙辭無足觀。唯願滿胸何限
意。化為鞭策警盤桓。

寄橘

熟肥將待滿林霜。不及今朝一雁翔。莫道生酸不可
口。添来阿母赤心香。
試劈黃金琥珀堆。預知美酒迸唇来。欲除寒夜書窓
睡。却為陸郎拔數枚。

與兒書

頃來歸省浹旬。時當中元前後。家幹紛々不遑閑話。浹旬於我。猶如半日。兒其如何。嗚呼我之多病也。加以與你離居。熟惟一旦遽然。不能無遺憾。將又陳冗言以煩你。々其勿忽視。爲我時或夢寐中病逼心胸。忽然口不能言。目不能開。身不能動。気息僅通。如此者數刻而蘇。惕然自謂我今而死。則如先考之遺托何。今你稍長。我雖獨立極貧。猶有二幸。爲假令我今日而死。庶幾汝能繼先業。我亦地下聊有言矣。先考潛心本業。常熟讀仲景之遺論。玩味吉家之立說。旁及後世諸家。此知有所自得者矣。我下愚謭陋。不能盡其為人。吉家之書藏家。其上層有先考之評語。你成長之後。請一閱之。盖先考之為性。謙讓不餝。甚嗜讀書。至忘寢食。恬澹疎於世路。簞瓢屢空。且末年不幸無嗣。惟有我共你。表兄藤兵衛以昔日德我祖父。常助先考。先考臨終託以二人。表兄不忘舊誼。乃請先考曰。舅請勿慮。我不敢凍餒此二人。先考大喜以沒。表兄不食其言。心常在我二人。以至你出遊之日。

往々貸我以資其費。視我猶妹。視你猶孫。此非一幸
乎。角田夫子雖不相識。喬請為你教字。且是正詩文。
夫子一見如舊識。寵顧不已。遂獎入　本藩之校。得
給　官費。於是旦夕趨陪。親奉教誨。又厚視猶子。此
非一大幸乎。你之達與不達。則在學之成否。學之成
否。則在一身之勤惰。若能勤而不怠。則夫子夫舍諸。
你若不勉。則二幸傾失。你其深思哉。雖然此唯以利
害言。非我素心也。夫黄雀白亀猶知報德。況於人乎。
古人有言。女為悅己者容。士為知己者死。信哉。而以

死趨節之類。事之変固不常有也。人固有偶然恍惚之間而陥不義者。男女之大欲是也。是道也出於自然。鳥獸螻蟻之微猶無不知。人性剛毅篤実者。動陥於此。至其極則醜悪褻慢。有不可言者。嗚呼不仁不義之甚可勝嘆哉。獨為身死而不属節。今為快一時之欲而為之。可不慎乎。我會有所感。為你不遺餘蘊。你雖猶幼。我欲其慎於未萌。我平生未嘗有所學不辨文字。不諳事実。如欲言者箝在口。而言不盡情。若夫文不成語。則幸正之。時新涼稍催。慎疾。千萬自玉。

不悉。

書懐寄児

無那頑疾悩神藏。宿志徒存獨断腸。執業困沉慵起坐。梳鬟亂落異平常。猶期弱柳當風立。又恐殘花經雨傷。命義赫然生豈貪。要看雛羽卓高翔。

又

莫嗤鄙語屬侏離。句々言々我豈欺。亾後欲着存日事。死忔毫跡託生涯。

寄児書

前月一旬聞傾鴻如織。喜慰無量。爾後又疎闊。興居無恙否。前書既曰。不遺餘蘊。而情緒縷々恰如珠絲。又贈一言。請諦聽。你今吐納文苑。逍遥詞林。因将有所警。余性駑鈍。且未學。何能論文章哉。唯私謂下筆之際。務据實際。無渉虚飾。非亦先務乎。所謂虚飾者。非謂玉樹金樽之類也。或情在官途。自称隠逸。或志在早下。言比先輩。凡華而無實者。此之謂虚飾。巳余雖至愚。常甚悪之。假令其文與子雲相如並駕。言非其實。所述非其衷。則一旦慷慨。託其志於詞章。人豈信之乎。潘岳有閑居賦。似頌孝之人。考之於其行實。恐不可信矣。汝請維尋常書牘。必務実際。我熟思你性。未知其必篤否。余性亦甚不篤。雖自責不已。無如之何已。我共你庶幾勉於篤哉。子曰。汝為君子儒。勿為小人儒。你其服膺。堅氷將至。自保愛。不一。

寄児

恩波海上久留連。暮史朝經涉幾篇。若諒蓼莪罔極意。雄飛力到碧雲邊。

跋

[illegible]

南望篇 終

[illegible]丙[illegible]

南山叢[illegible]撰

参考文献

『分限帳』富山藩　明治二年
太田妙子「江戸時代の女性医師――稲井静庵・松岡小鶴・高場乱」『医譚』八七巻　日本医史学会関西支部　平成二十（二〇〇八）年三月
芸備医学会編輯（代表呉秀三）『東洞全集』思文閣出版　昭和五十五（一九八〇）年復刻　第二刷
後藤総一郎監修　柳田国男研究会編著『柳田国男伝』三一書房　昭和六十三（一九八八）年十一月
塩村耕『こんな本があった！　江戸珍奇本の世界』家の光協会　平成十九（二〇〇七）年四月
高群逸枝『大日本女性人名辞書』新人物往来社　昭和五十五（一九八〇）年三月
姫路文学館編集『松岡五兄弟――松岡鼎　井上通泰　柳田国男　松岡静雄　松岡映丘』姫路文学館　平成四（一九九二）年十月
福崎町史編集専門委員会『福崎町史　第二巻　本文篇Ⅱ』兵庫県福崎町　平成七（一九九五）年三月
福崎町史編集専門委員会『福崎町史　第四篇　資料篇Ⅱ』兵庫県福崎町　平成三（一九九一）年八月
松岡小鶴『松岡小鶴女史遺稿』大正十一（一九二二）年十一月
松岡房夫『柳田国男・松岡家　原郷　播磨での足跡』藤書房　平成九（一九九七）年七月

明神博幸『近世越中国の学問・教育と文化』rekishika　平成二十一（二〇〇九）年
村松梢風『新輯本朝画人傳』巻五　中央公論社　昭和四十八（一九七三）年一月
柳田国男『故郷七十年』のじぎく文庫（新装版）　神戸新聞総合出版センター　平成二十二（二〇一〇）年三月
柳田国男「故郷七十年拾遺」『柳田国男全集21』筑摩書房　平成九（一九九七）年十一月

あとがき

思いがけない御縁で、幕末から明治初期までを生きぬいた松岡小鶴というすぐれた女性に出会い、その人の漢詩文集『小鶴女史詩稿』を読み終えました。よくぞ私に、心底の思いをつぶさに語って下さった、と感謝の念を覚えました。学びたくても充分に学べなかった小鶴女史の無念の思いは、動員されて農場や工場で働いた戦時中の女学生であった私の胸に強く響きました。

『小鶴女史詩稿』を読みこむことは、私の力不足のため、大きな困難を伴いました。長年の友人である矢野貫一先生と福島理子さんのお力ぞえがなければ、到底不可能なことでした。

全訳本の出版に際し、西尾市岩瀬文庫、柳田国男・松岡家記念館、神奈川近代文学館から、好意ある御配慮を賜りました。また幾人かの友人から適切な助言と協力を頂きました。ことに調査の旅に必ず同行し、多大の協力をして下さった女性史勉強会の友人の存在はまことに有難いものでした。

名古屋市立大学大学院の坂井芳貴教授が、友人を通じて、小鶴女史の孫である柳田国男とその一族の世界へ近づく方向を示して下さいました。また現在岩瀬文庫の悉皆調査をしておられる名古屋大学大学院の塩村耕教授から、出版に際して貴重な御助言を頂きました。

市川市にお住いの松岡祐之様は、御所蔵の松岡小鶴女史の肖像画の掲載を、快くお許し下さいました。

惜しみない御協力や温かい御助言を賜った諸先生と友人諸姉に、この場をお借りして厚く御礼申し上げます。

藤原書店社長藤原良雄氏は、『小鶴女史詩稿』の訳文を雑誌『環』に連載して下さり、第一回の掲載後、直《すぐ》に本にしようとお申し出下さいました。山﨑優子さんには、手数のかかる編集作業でたいへんお世話になりました。心から感謝申し上げます。

私の読み下し文、訳文は拙く、誤りが多いことと思います。お気づきの方はどうぞ御指摘、御指導下さいますようお願い申し上げます。

平成二十八（二〇一六）年五月

門　玲子

著者紹介

松岡小鶴（まつおか・こつる）

文化3（1806）年～明治6（1873）年。播磨国神東郡田原村辻川の医者・松岡義輔と、妻なみ（桂氏）の長女として生まれる。

天保2（1831）年、26歳の時、隣村の川辺村網干の中川至を婿に迎えた。翌年､男子･文（のち操）が生れる。天保8年、母なみ没。翌9年に至と離縁し、以後一人で文を育てる。天保11（1840）年、父義輔が没し、その後父の医業を継いで、当時珍しい女性の医者となった。文を学問修業のため手ばなしてからは、近隣の子女を集めて、詩文や学問を教えた。弘化2（1845）年には姫路藩より表彰を受けた。文（操）は儒者として、姫路の熊川舎の舎監を務め、維新後は各地の学校で漢学を教えた。柳田国男をはじめとする操の5人の子供たちは、医者、学者、歌人、画家として活躍した。

小鶴の著書には、『小鶴女史詩稿』『松岡小鶴女史遺稿』その他がある。

編著者紹介

門 玲子（かど・れいこ）

1931年、石川県加賀市生まれ。1953年、金沢大学文学部卒業。作家、女性史研究家。総合女性史研究会、知る史の会。

著書に『江戸女流文学の発見——光ある身こそくるしき思ひなれ』（毎日出版文化賞）『わが真葛物語——江戸の女流思索者探訪』『江馬細香』（藤原書店）。訳注に『江馬細香詩集「湘夢遺稿」上下』（汲古書院）。

幕末《ばくまつ》の女医《じょい》、松岡《まつおか》小鶴《こつる》 1806-73
——柳《やなぎ》田国男《たくにお》の祖母《そぼ》の生涯《しょうがい》とその作品《さくひん》

西尾市岩瀬文庫蔵『小鶴女史詩稿』全訳

2016年 8月30日　初版第1刷発行©

編著者　門　玲子

発行者　藤原良雄

発行所　株式会社　藤原書店

〒162-0041　東京都新宿区早稲田鶴巻町523

電話　03（5272）0301

FAX　03（5272）0450

振替　00160-4-17013

info@fujiwara-shoten.co.jp

印刷・製本　中央精版印刷

落丁本・乱丁本はお取替えいたします

定価はカバーに表示してあります

Printed in Japan

ISBN978-4-86578-080-2

奇跡の経済システムを初紹介

女の町フチタン

（メキシコの母系制社会）

V・ベンホルト＝トムゼン編
加藤耀子・五十嵐蕗子・入谷幸江・浅岡泰子訳

"マッチョ"の国メキシコに逞しく存続する、女性中心のサブシステンス志向の町フチタンを、ドイツの社会学者らが調査研究し、市場経済のオルタナティヴを展望する初の成果。

四六上製　三六八頁　三二〇〇円
（一九九六年一二月刊）
◇978-4-89434-055-8

JUCHITAN : STADT DER FRAUEN
Veronika BENNHOLDT-THOMSEN (Hg.)

グローバル化と労働

アンペイド・ワークとは何か

川崎賢子・中村陽一編

一九九五年、北京女性会議で提議された「アンペイド・ワーク」の問題とは何か。グローバル化の中での各地域のヴァナキュラーな文化と労働との関係の変容を描きつつ、シャドウ・ワークの視点により、有償／無償のみの議論を超えて労働のあるべき姿を問う。

Ａ５並製　三二八頁　二八〇〇円
（二〇〇〇年一二月刊）
◇978-4-89434-164-7

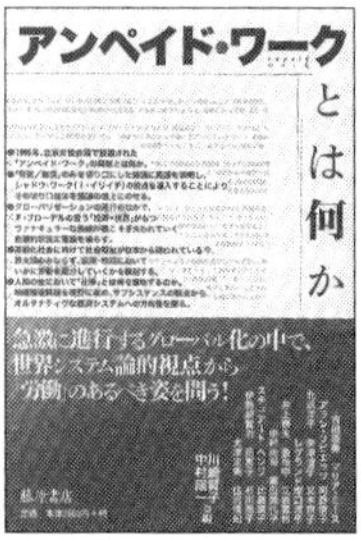

新しい社会理論の誕生

世界システムと女性

M・ミース、C・v・ヴェールホフ、V・ベンホルト＝トムゼン
古田睦美・善本裕子訳

フェミニズムとエコロジーの視角から、世界システム論を刷新する独創的な社会理論を提起。「主婦化」（ミース）概念を軸に、社会科学の基本概念（「開発」「労働」「資本主義」等）や体系を根本から問う野心作。日本語オリジナル版。

Ａ５上製　三五二頁　四七〇〇円
（一九九五年一二月刊）
◇978-4-89434-010-7

WOMEN : THE LAST COLONY
Maria MIES, Veronika BENNHOLDT-THOMSEN and Claudia von WERLHOF

「初の女教祖」——その生涯と思想

女教祖の誕生

（「如来教」の祖・媹《りゅう》姾《ぜん》如《にょ》来《らい》喜《き》之《の》）

浅野美和子

天理、金光、大本といった江戸後期から明治期の民衆宗教高揚の先駆けをなした「如来教」の祖・喜之。女で初めて一派の教えを開いた女性のユニークな生涯と思想を初めて描ききった評伝。思想史・女性史・社会史を総合！

四六上製　四三二頁　三九〇〇円
（二〇〇一年一二月刊）
◇978-4-89434-222-4

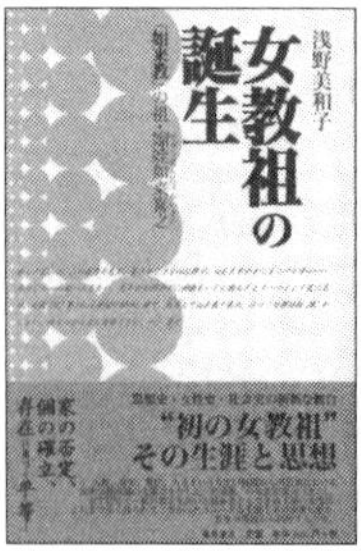